中国地质大学(武汉)实验教材项目(SJC-202313)资助

矿产资源潜力智能评价实习指导书

KUANGCHAN ZIYUAN QIANLI ZHINENG PINGJIA SHIXI ZHIDAOSHU

左仁广　王子烨　熊义辉　等编

图书在版编目(CIP)数据

矿产资源潜力智能评价实习指导书/左仁广等编. —武汉:中国地质大学出版社,2023.8
ISBN 978-7-5625-5686-2

Ⅰ.①矿…　Ⅱ.①左…　Ⅲ.①矿产资源-资源潜力-资源评价　Ⅳ.①F426.1

中国国家版本馆 CIP 数据核字(2023)第 195184 号

矿产资源潜力智能评价实习指导书		左仁广　王子烨　熊义辉　等编
责任编辑:舒立霞	选题策划:江广长	责任校对:何澍语
出版发行:中国地质大学出版社(武汉市洪山区鲁磨路 388 号)		邮编:430074
电　　话:(027)67883511	传　　真:(027)67883580	E-mail:cbb@cug.edu.cn
经　　销:全国新华书店		http://cugp.cug.edu.cn
开本:787 毫米×1 092 毫米　1/16		字数:166 千字　　印张:6.5
版次:2023 年 8 月第 1 版		印次:2023 年 8 月第 1 次印刷
印刷:湖北新华印务有限公司		
ISBN 978-7-5625-5686-2		定价:38.00 元

如有印装质量问题请与印刷厂联系调换

前 言

本书作为"资源定量预测理论与方法"(本科生)和"大数据与人工智能找矿"(研究生)课程的实习指导书,主要针对资源勘查工程(本科生)、资源环境大数据工程(本科生)、地球探测与信息技术(硕士生)、矿产普查与勘探(硕士生)以及资源与环境(专业型硕士生)等专业学生开展矿产资源潜力智能评价工作的需要而编写。本书适用专业包括地质学、地质工程、矿产普查与勘探、地球探测与信息技术等;适用课程包括但不限于"资源定量预测理论与方法""数字地质学""数字地质调查新技术与方法"等本科生课程,以及"成矿规律与成矿预测""地理信息系统与矿产资源评价""数学地质""综合勘查技术""大数据与人工智能找矿"等研究生课程。笔者编写本书的目的在于加强学生及地质技术人员基于人工智能开展矿产资源大数据深度挖掘及智能评价的实验技术训练,提高其基本操作技能和实际动手能力,使其掌握智能矿产资源潜力评价的原理、逻辑实现、设计方法及模型构建与评价流程。本书结合实际案例详细介绍了基于GIS和机器学习(如随机森林和卷积神经网络算法等)开展矿产资源潜力评价的具体实施步骤,包括软件安装、环境配置、数据准备及预处理、算法基本原理、样本制作、模型构建、参数优化和结果评价等。

本书共6章,第1章介绍ArcGIS软件安装、Python集成开发环境安装和环境配置相关步骤;第2章介绍ArcGIS软件的基本操作,包括数据可视化、数据插值和缓冲区分析等;第3章介绍数据准备,包括数据格式转换和数据读取等;第4章介绍基于随机森林算法开展矿产资源潜力评价的具体实施步骤;第5章介绍基于卷积神经网络算法开展矿产资源潜力评价的具体实施步骤;第6章介绍基于ArcMPM软件开展矿产资源潜力评价的使用说明。

本书第1章、第2章由许莹执笔完成;第3章由许莹、杨帆帆、师子贤执笔完成;第4章由师子贤执笔完成;第5章由杨帆帆执笔完成;第6章由师路易执笔完成。全书由左仁广、王子烨、熊义辉统稿。

编 者

2023年5月

目 录

第1章 软件安装与环境配置 ...... (1)
  1.1 ArcGIS ...... (1)
  1.2 Python ...... (1)
  1.3 TensorFlow ...... (2)
    1.3.1 Anaconda 安装 ...... (2)
    1.3.2 TensorFlow 环境配置 ...... (3)
    1.3.3 常用工具包 ...... (6)
  1.4 集成开发环境 ...... (7)

第2章 ArcGIS 基本操作 ...... (11)
  2.1 数据可视化 ...... (11)
    2.1.1 矢量数据可视化 ...... (11)
    2.1.2 结果数据可视化 ...... (13)
  2.2 数据插值 ...... (17)
  2.3 缓冲区分析 ...... (19)

第3章 数据准备 ...... (21)
  3.1 MapGIS 格式数据转 ArcGIS 格式数据 ...... (21)
  3.2 正负样本标签制作 ...... (26)
  3.3 Python 数据读取 ...... (31)
  3.4 地球化学成分数据转换 ...... (33)

第4章 随机森林 ...... (36)
  4.1 算法原理 ...... (36)
  4.2 样本制作 ...... (36)
  4.3 参数优化 ...... (38)
  4.4 模型输入 ...... (42)
  4.5 模型训练及预测 ...... (42)
  4.6 结果评价 ...... (44)

第5章　卷积神经网络 ………………………………………………………… (45)
5.1　算法原理 ……………………………………………………………… (45)
5.2　样本制作 ……………………………………………………………… (47)
5.3　模型输入 ……………………………………………………………… (54)
5.4　模型结构及参数 ……………………………………………………… (54)
5.5　模型训练及输出 ……………………………………………………… (58)
5.6　结果评价 ……………………………………………………………… (60)

第6章　ArcMPM 基本操作 ……………………………………………………… (62)
6.1　软件介绍 ……………………………………………………………… (62)
6.2　安装与卸载 …………………………………………………………… (62)
6.2.1　软件运行条件 …………………………………………………… (62)
6.2.2　软件安装过程 …………………………………………………… (62)
6.2.3　软件卸载 ………………………………………………………… (65)
6.3　软件界面 ……………………………………………………………… (65)
6.4　样本制作 ……………………………………………………………… (66)
6.5　矿产资源潜力评价 …………………………………………………… (69)
6.5.1　随机森林 ………………………………………………………… (69)
6.5.2　卷积神经网络 …………………………………………………… (73)

主要参考文献 ……………………………………………………………………… (83)

附　录 ……………………………………………………………………………… (84)
附录1　随机森林样本制作代码 ………………………………………… (84)
附录2　随机森林参数优化代码 ………………………………………… (86)
附录3　基于随机森林的矿产资源潜力评价代码 ……………………… (88)
附录4　卷积神经网络样本制作代码 …………………………………… (90)
附录5　基于卷积神经网络的矿产资源潜力评价代码 ………………… (94)

第1章　软件安装与环境配置

基于机器学习的智能矿产资源潜力评价通常包括以下步骤:数据的收集和预处理、证据图层的制作及赋值、找矿预测模型搭建、模型调试、找矿远景区圈定和结果可视化等。其中数据预处理、证据图层的制作及赋值和结果可视化需使用 ArcGIS 软件,找矿预测模型搭建、模型调试和找矿远景区圈定需借助 Python 语言及其编译器。本章将介绍 ArcGIS 安装(以10.8 版本为例)、Python 集成开发环境安装(以 PyCharm 为例)以及 Python 环境配置(以 TensorFlow 为例)等相关步骤。

1.1　ArcGIS

ArcGIS 是由美国环境系统研究所(environment system research institute,ESRI)开发的一款专业的地理信息系统(geographical information system,GIS)软件,是世界上应用广泛的 GIS 软件之一。ArcGIS 拥有一套完整的桌面 GIS 软件套件,包含 ArcMap、ArcCatalog、ArcGlobe 和 ArcScene 四部分,并提供了强大的数据查询和空间分析功能。无论是 2D 还是 3D 的信息,都可使用快速且简单的方式浏览地理信息,非常适合 GIS 专业人员创建、分析、管理和共享地理信息,以便决策者作出明智可靠的决策。该软件内置了多种编辑工具以及 API 接口,不仅可以轻松地完成地图生产全过程,还为地图分析和处理提供了新的解决方案,广泛用于地图创建、地理数据编辑、地图空间信息分析和共享、地理信息数据库管理等。ArcGIS 安装教程参考官方网站:https://www.esri.com/zh-cn/home。

1.2　Python

Python 是一个结合了解释性、编译性、互动性和面向对象的交互式开源编程语言,它简洁的语法结构、丰富的第三方库以及强大的计算效率,使其快速成为许多领域(如数据挖掘、计算机视觉、人工智能等)用于编写脚本和快速应用程序开发的理想语言。Python 的设计具有很强的可读性,开发过程中不需要编译,相比其他语言经常使用英文关键字,它不仅具有更高效的高级数据结构,还能简单有效地面向对象编程(https://docs.python.org/3/tutorial)。

1.3　TensorFlow

本书介绍的机器学习算法主要在 TensorFlow 环境中搭建。TensorFlow 由谷歌人工智能团队谷歌大脑(Google Brain)开发和维护,是一个基于数据流编程(dataflow programming)的符号数学系统,被广泛应用于各类机器学习(machine learning)算法的编程实现,其前身是谷歌的神经网络算法库 DistBelief(https://www.tensorflow.org/about)。在配置 TensorFlow 环境之前,需要下载 Python 包的管理软件(以 Anaconda 为例)和集成开发环境(以 PyCharm 为例)。

1.3.1　Anaconda 安装

(1) Anaconda 安装包下载(图 1.1)官方网站:https://www.anaconda.com/download。

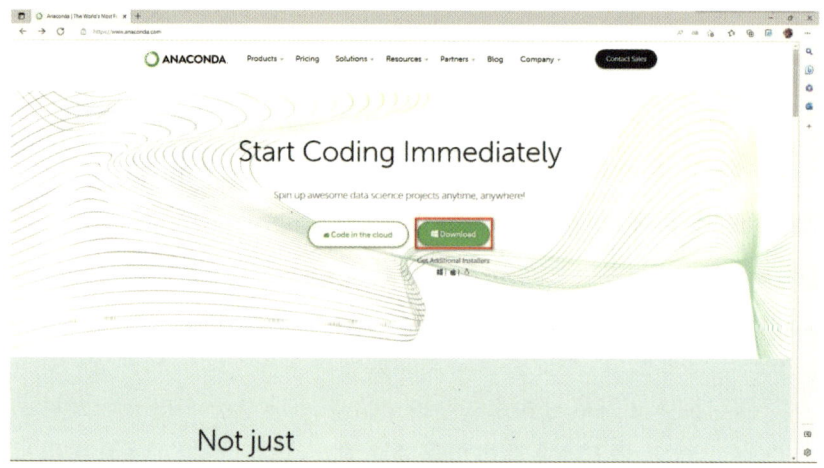

图 1.1　Anaconda 安装包下载位置

(2) 选择操作系统对应的版本(图 1.2)。

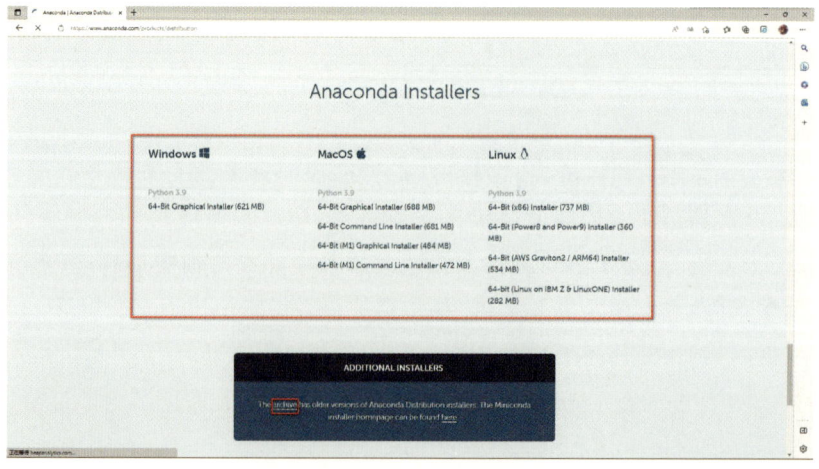

图 1.2　安装包选择

详细安装教程参考官方网站：https://anaconda.org.cn/anaconda/install/。

1.3.2 TensorFlow 环境配置

（1）配置镜像源。以清华镜像源（https://mirrors4.tuna.tsinghua.edu.cn/）为例，地址为：

https://mirrors.tuna.tsinghua.edu.cn/anaconda/pkgs/main

https://mirrors.tuna.tsinghua.edu.cn/anaconda/pkgs/r

https://mirrors.tuna.tsinghua.edu.cn/anaconda/pkgs/msys2

➣ 打开 Anaconda Navigator。

➣ 添加清华镜像源地址（图 1.3），点击【update channels】。

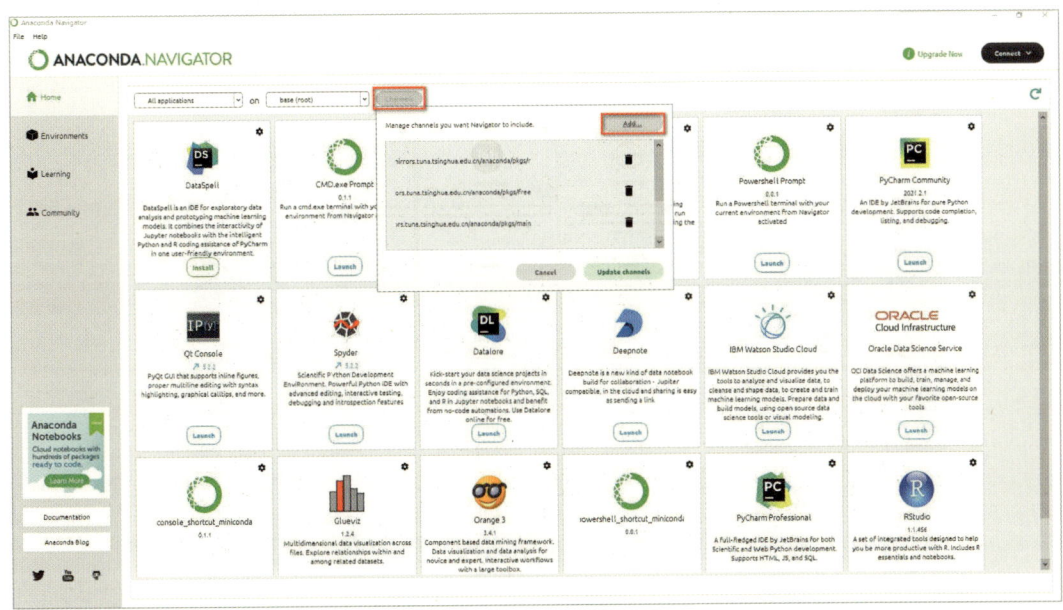

图 1.3　Anaconda 镜像源配置

（2）创建 TensorFlow 虚拟环境，并安装指定 Python 版本。以 TensorFlow 2.1 和 Python 3.7 为例。

➣ 打开 Anaconda Prompt。

➣ 输入 conda create-n tensorflow2.1 python=3.7，创建 TensorFlow 环境，返回如图 1.4 所示界面。其中，"tensorflow2.1"是环境的名字，"3.7"是 Python 的版本。

➣ 输入 y，耐心等待一段时间后，完成环境创建（图 1.5）。

➣ 输入 conda activate tensorflow2.1，激活 TensorFlow 环境（图 1.6）。

➣ 输入 pip install tensorflow==2.1，安装 TensorFlow（图 1.7），返回如图 1.8 所示的画面则说明 TensorFlow 安装成功。

➣ 输入 pip install scikit-learn，安装机器学习库 scikit-learn（图 1.9），返回如图 1.10 所示的画面则说明安装成功。

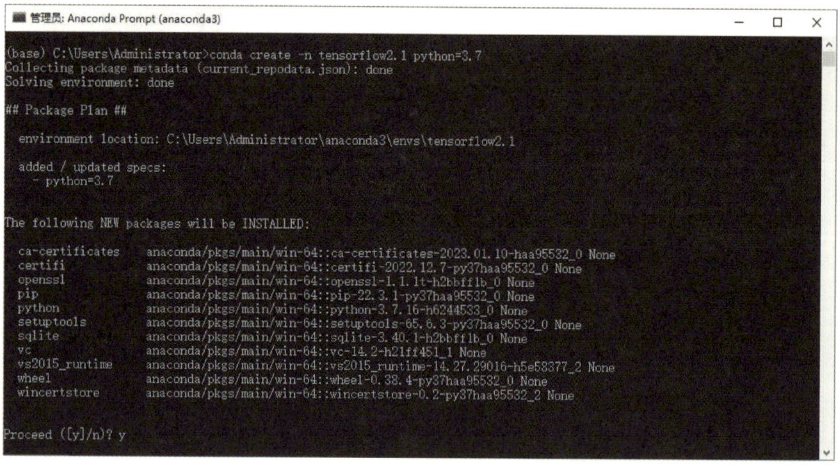

图 1.4 Anaconda 中创建 TensorFlow 环境

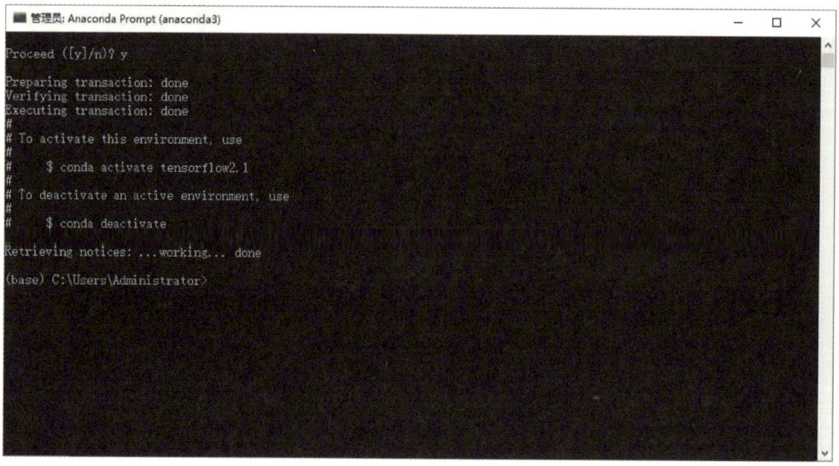

图 1.5 完成 TensorFlow 环境创建

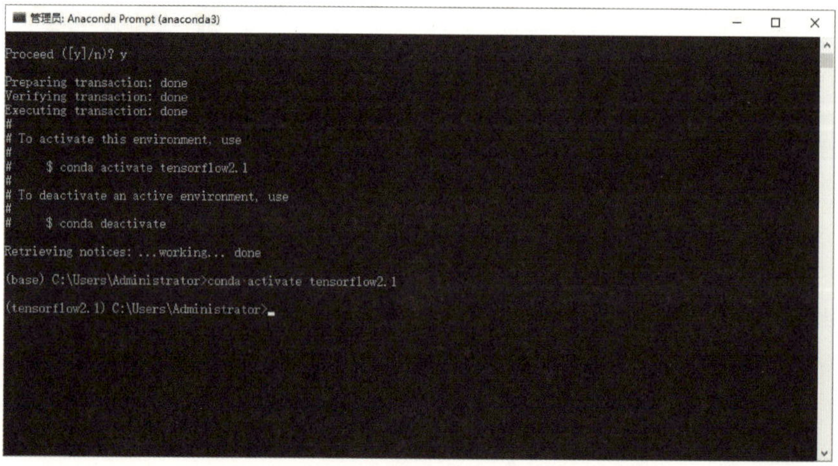

图 1.6 Anaconda 中激活 TensorFlow 环境

图 1.7 安装 TensorFlow

图 1.8 TensorFlow 环境配置成功

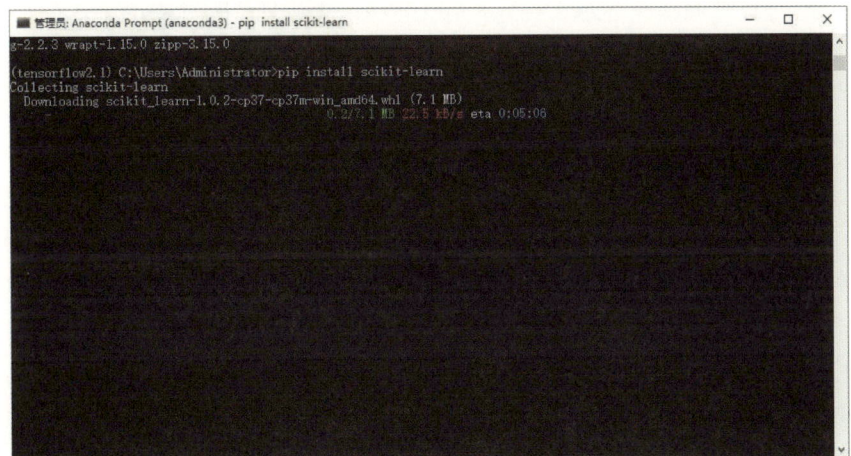

图 1.9 安装 scikit-learn 机器学习库

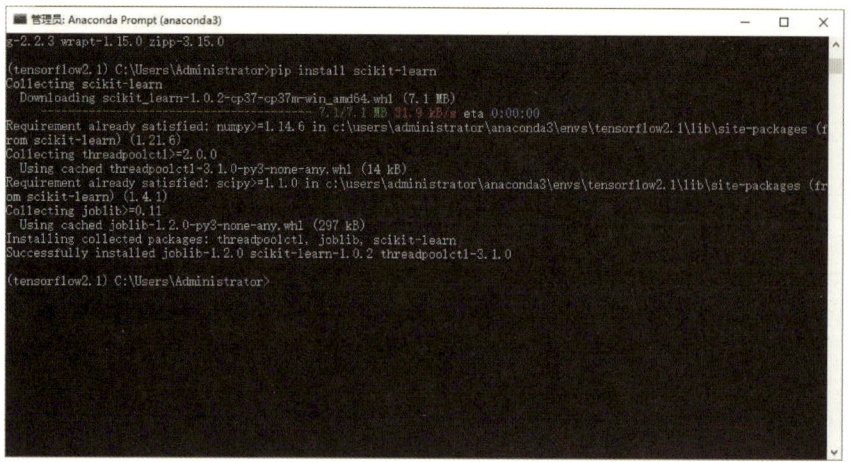

图1.10 scikit-learn机器学习库安装成功

1.3.3 常用工具包

1)NumPy

NumPy是使用Python进行科学计算的基础库,提供多维数组对象、各种派生对象(如掩码数组和矩阵),以及用于对数组进行快速操作的各种例程,包括数学、逻辑、形状操作、排序、选择、I/O、离散傅里叶变换、基本线性代数、基本统计运算、随机模拟等,参考官方网站:https://numpy.org/doc/stable/。

调用代码:import numpy as np。

2)SciPy

SciPy是一个开源的Python算法库和数学工具包,是建立在NumPy扩展上的数学算法和方便函数的集合。它通过为用户提供高级命令和类来操作及可视化数据,为交互式Python会话增加了强大的功能。SciPy包含的模块有最优化、线性代数、积分、插值、特殊函数、快速傅里叶变换、信号处理和图像处理、常微分方程求解和其他科学与工程中常用的计算,参考官方网站:https://docs.scipy.org/doc/scipy/tutorial/。NumPy和SciPy常常结合使用,Python大多数机器学习算法库都依赖于这两个模块。

调用代码:from scipy import *,from scipy.* import *。

3)Pandas

Pandas是Python数据分析任务必不可少的工具之一,提供高性能、易于使用的数据结构和数据分析功能。Pandas基于NumPy构建,可以从各种文件格式如CSV、JSON、SQL、Microsoft Excel导入数据,并对各种数据进行运算操作,如归并、再成形、选择,以及数据清洗和数据加工。Pandas主要数据结构是Series(一维数据)与DataFrame(二维数据),参考官方网站:https://pandas.pydata.org/docs/。

调用代码:import pandas as pd。

4）Matplotlib

Matplotlib 是一个 Python 绘图库，利用它可以画出许多高质量的图像。只需几行代码即可生成直方图、条形图、饼图、散点图等，并且可以根据代码调整图像的格式，如线条粗细、线条类型、图像显示范围、图例位置等，可以让使用者很轻松地将数据图形化，并且提供多样化的输出格式，参考官方网站：https://matplotlib.org/。

调用代码：import matplotlib.pyplot as plt。

5）Scikit-learn

Scikit-learn 又称 Sklearn，是一个热门的机器学习工具包。它通过 NumPy、SciPy 和 Matplotlib 等 Python 数值计算的库实现分类、回归、聚类、降维等应用，并且涵盖了几乎所有主流的机器学习算法，如支持向量机、随机森林、K-Means、主成分分析、多层感知机、受限玻尔兹曼机等，参考官方网站：https://scikit-learn.org/stable/。

调用代码：from sklearn import *，from sklearn.* import *。

1.4 集成开发环境

集成开发环境（integrated development environment，IDE）是用于提供程序开发环境的应用程序，一般包括代码编辑器、编译器、调试器和图形用户界面等工具，集成了代码编写功能、分析功能、编译功能、调试功能等一体化的开发软件服务套。所有具备这一特性的软件或者软件套（组）都可以叫集成开发环境。PyCharm 是一种广泛使用的 Python 集成开发环境，带有一整套可以帮助用户在使用 Python 语言开发时提高其效率的工具，如调试、语法高亮、项目管理、代码跳转、智能提示、自动完成、单元测试、版本控制等。PyCharm 工作台由菜单栏、项目目录结构区域、代码区域、变量区等组成（图 1.11）。PyCharm 下载及安装教程，参考官方网站：https://www.jetbrains.com/pycharm/（图 1.12）。

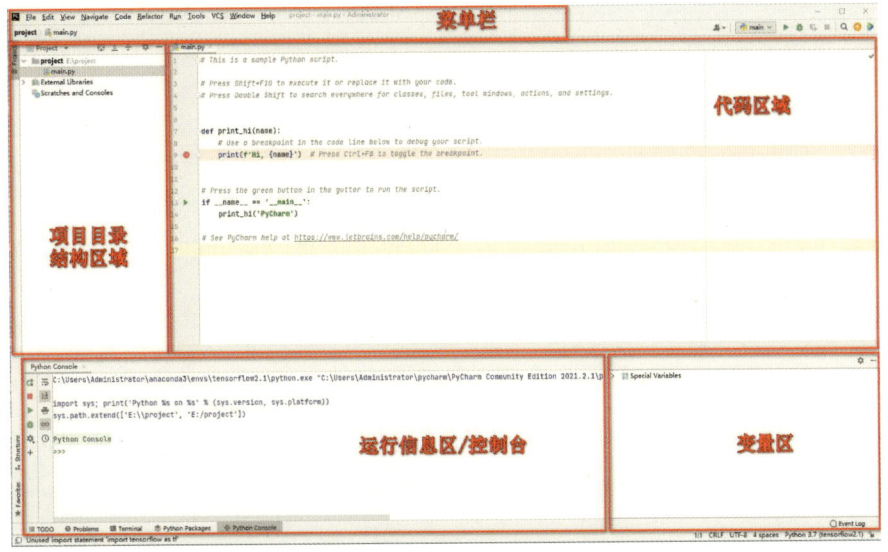

图 1.11　Pycharm 界面

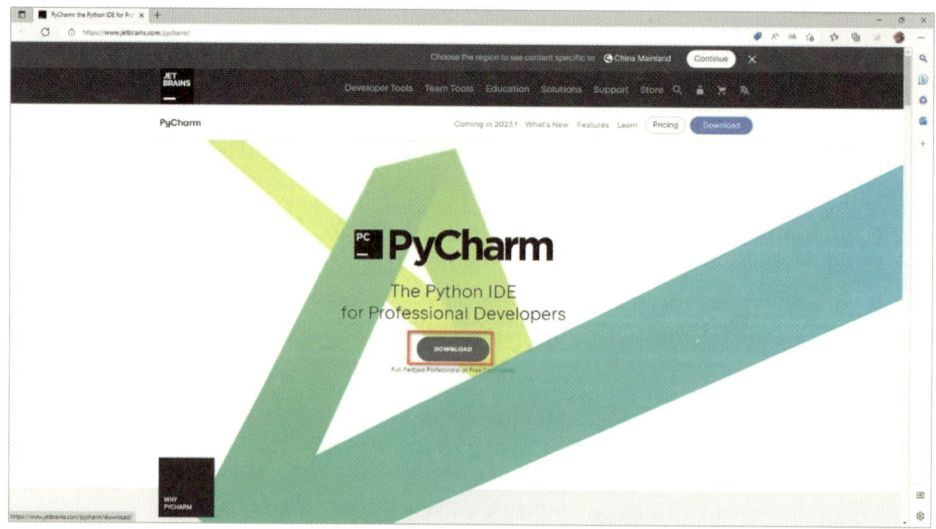

图1.12 PyCharm 安装包下载

PyCharm 基本操作包括新建项目和文件、Python 工具包下载、工具包调用、数据读取及输出、代码编写及运行等。

1）新建项目和文件

➤ 打开 PyCharm。

➤ 点击新建项目【File】→【New Project】。

➤ 选择项目根目录和 Python 解释器的版本（图1.13）。

➤ 点击【Create】，即可完成新建一个项目。

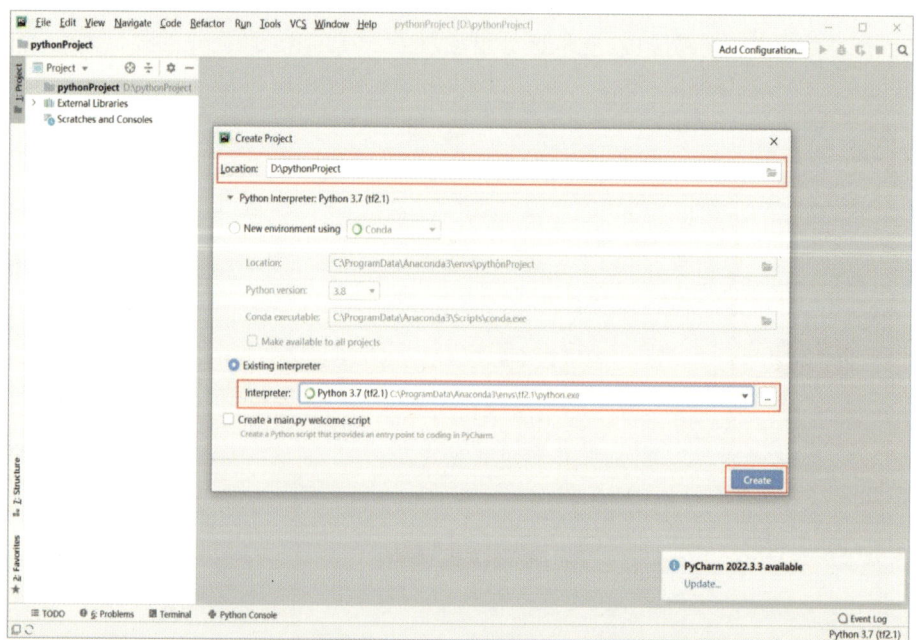

图1.13 新建项目和文件

2)Python 工具包下载
- 点击【File】→【Settings】,打开设置界面。
- 点击【Project】→【Python Interpreter】,打开解释器(图 1.14)。
- 点击 ![按钮] ,在弹出的对话框中输入需要下载的包,以 opencv 为例。
- 在搜索框中输入 opencv,选中【opencv】,并点击【Install Package】(图 1.15)。
- 等待出现如图 1.16 所示的画面则说明工具包下载成功。

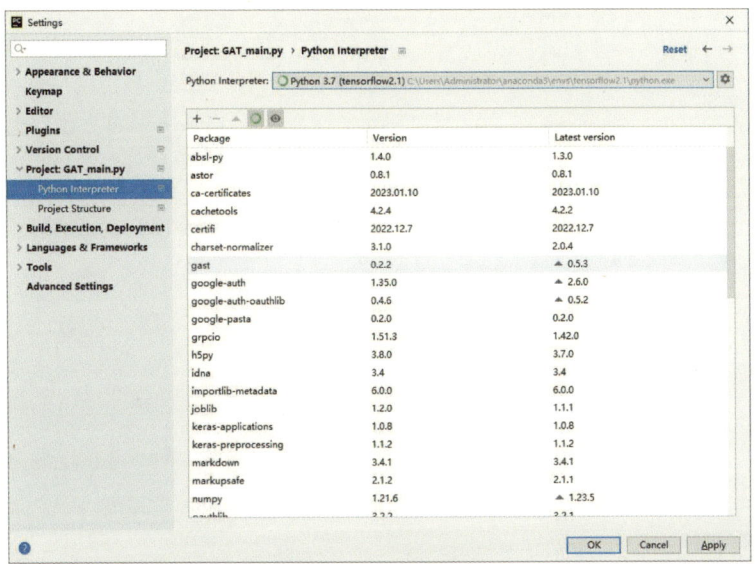

图 1.14　打开解释器

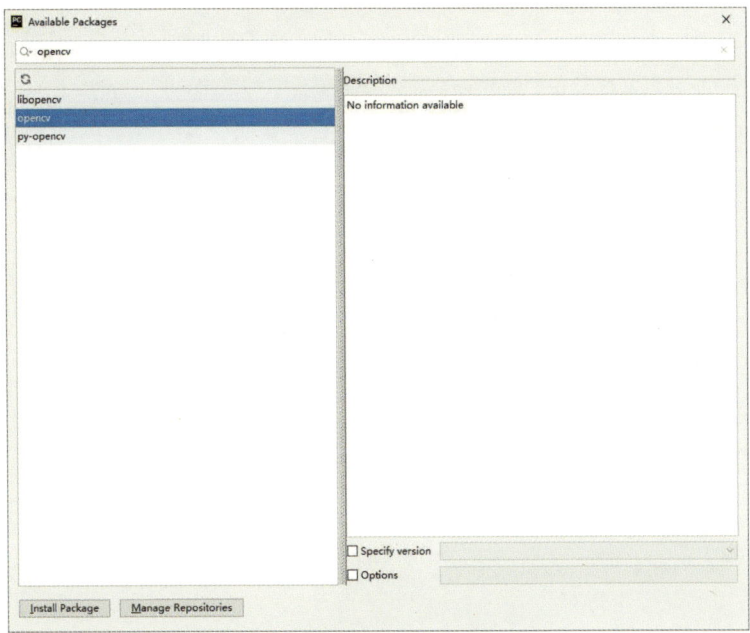

图 1.15　查找需要下载的工具包

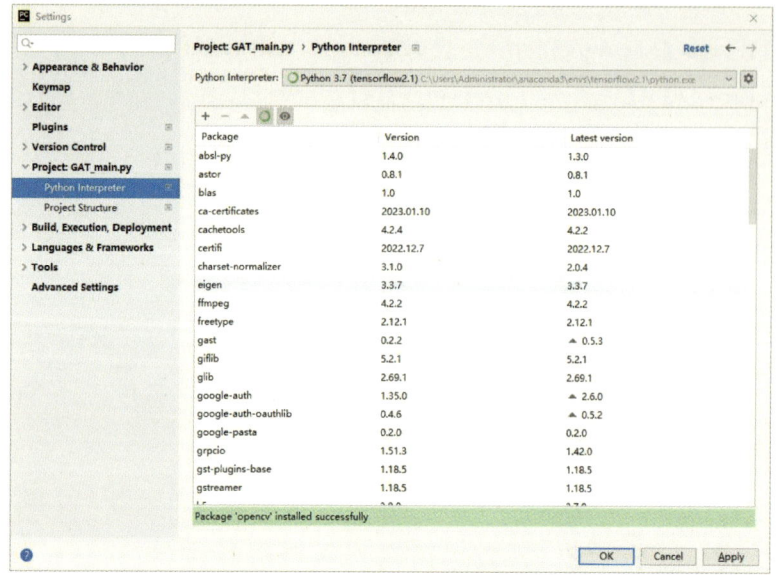

图1.16 工具包下载成功

3）工具包调用

以 Pandas 工具包为例，Python 调用工具包的代码为：

```
import pandas as pd
```

4）数据读取及输出

Python 读取和输出数据代码为：

```
import pandas as pd
data=pd.read_csv('*/HT.csv')
# 其中*指数据文件所在的路径，HT.csv 指需要读取的数据
pd.DataFrame(data).to_csv("*/data.csv",header='true',encoding='utf-8')
# 其中 data 是需要输出的数据，*指输出路径
```

5）代码编写及运行

在代码编辑区输入代码，点击 ▶ 🐞 🔄 ⬛ 🔍 运行程序。

第 2 章 ArcGIS 基本操作

ArcGIS 的数据格式主要包括两种，即矢量数据（SHAPE）和栅格数据（TIFF）。其中矢量数据又包括点数据、线数据和面数据。ArcGIS 基本操作包括数据可视化、数据插值、缓冲区分析等。

2.1 数据可视化

2.1.1 矢量数据可视化

ArcGIS 具有强大的数据可视化功能。以勘查地球化学数据为例，由于地球化学元素浓度存在差异，为了将浓度差异形象地表达出来，可改变地球化学点数据的显示方式。将数据导入 ArcGIS 中，通过在属性中修改符号来显示不同浓度之间的差异。

在 ArcGIS 中显示地球化学元素浓度之间的差异方法 1：

- 右击【图层】，选择【属性】。
- 点击【符号系统】。
- 选择【数量】中的【分级色彩】，对不同浓度以不同颜色方式展示（图 2.1）。

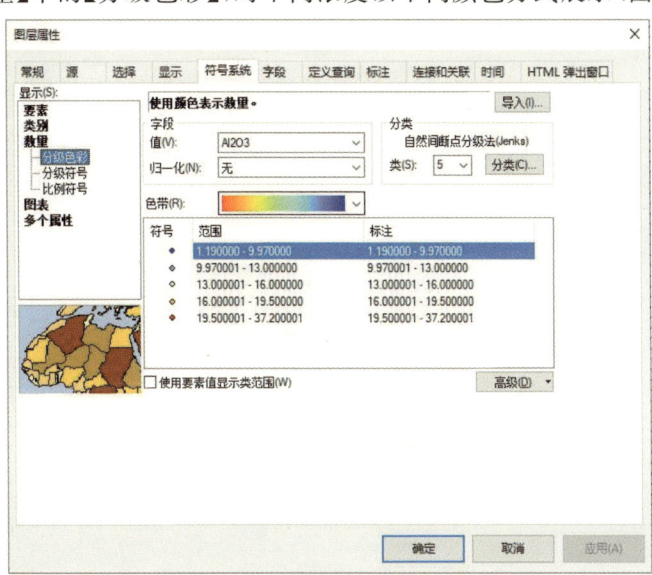

图 2.1 不同颜色显示地球化学点参数设置

- 选择【字段】中的【值（V）】下拉框，选择需要显示的元素，并通过【色带（R）】和【分类】设置不同显示效果(图2.2)。

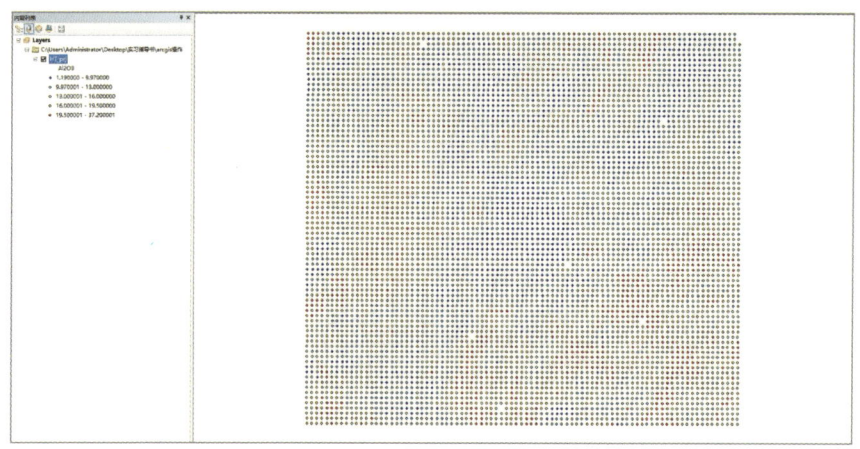

图2.2　不同颜色显示元素浓度差异图

在 ArcGIS 中显示地球化学元素浓度之间的差异方法 2：

- 右击【图层】，选择【属性】。
- 点击【符号系统】。
- 选择【数量】中的【分级符号】，对不同浓度通过不同大小的标注展示(图2.3)。

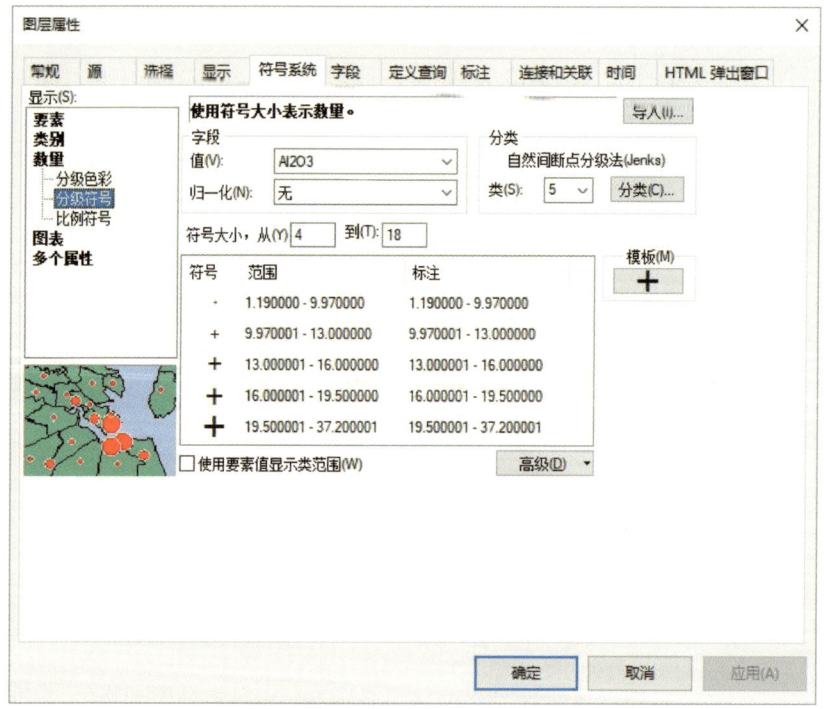

图2.3　不同标注大小显示地球化学点参数设置

➤ 选择【字段】中的【值(V)】下拉框，选择需要显示的元素，并通过【符号大小】、【分类】和【模板】设置不同显示效果(图 2.4)。

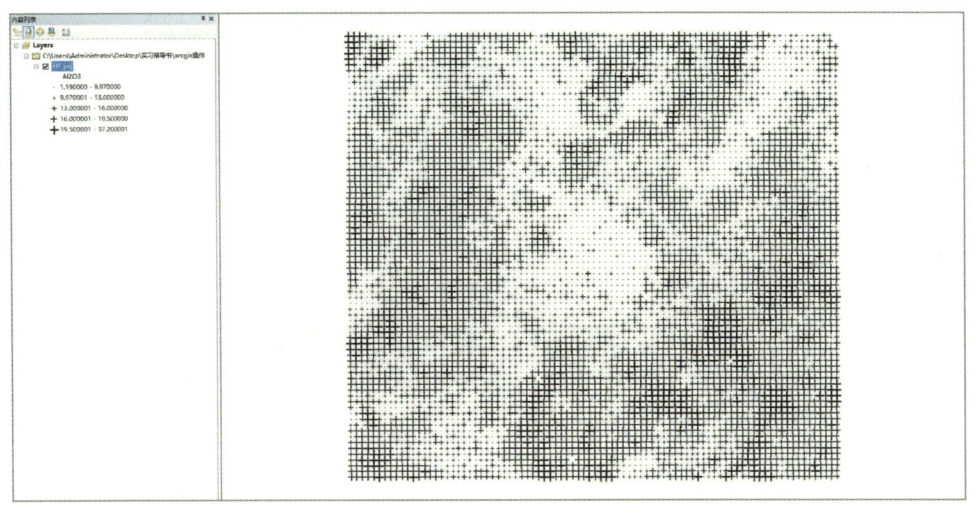

图 2.4　不同标注大小显示元素浓度差异图

2.1.2　结果数据可视化

深度学习模型在预测结束后会输出一个 csv 类型的结果文件，在进行可视化时需要先将 csv 文件转为 shape 矢量文件，再转成栅格图像输出结果。

1) 将 csv 数据添加到地图

➤ 打开工具：点击 ArcGIS 菜单栏【文件】→【添加数据】→【添加 XY 数据】。

➤ 设置参数：选择需要显示的点数据，即输出的预测结果。【X 字段(X)】选择文件中 XX 属性列，表示 X 轴坐标；【Y 字段(Y)】选择文件中 YY 属性列，表示 Y 轴坐标；【Z 字段(Z)】可选择默认空值。同时设置地理坐标系统，若为经纬度，则设置地理坐标系为 GCS_WGS_1984，若为投影坐标，则需设置投影坐标系为 WGS_1984_UTM_Zone_＊＊，如该案例研究区设置为 WGS_1984_UTM_Zone_50N (图 2.5)。

➤ 输出结果：点击【确定】，得到矢量数据(图 2.6)。

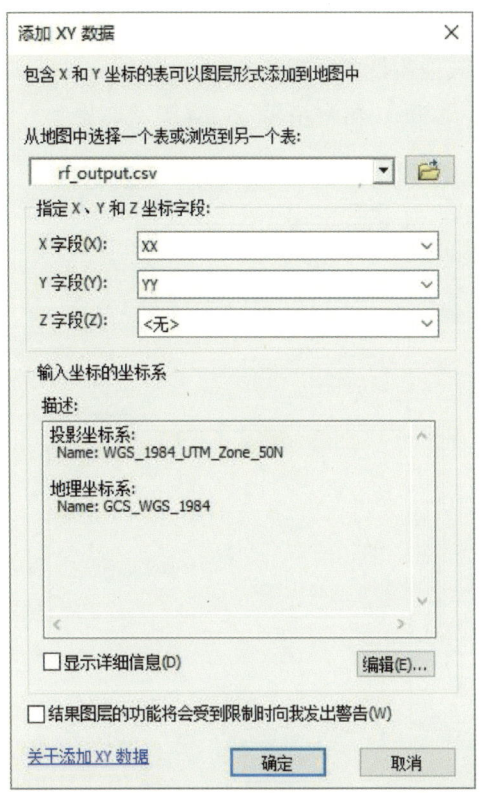

图 2.5　设置参数

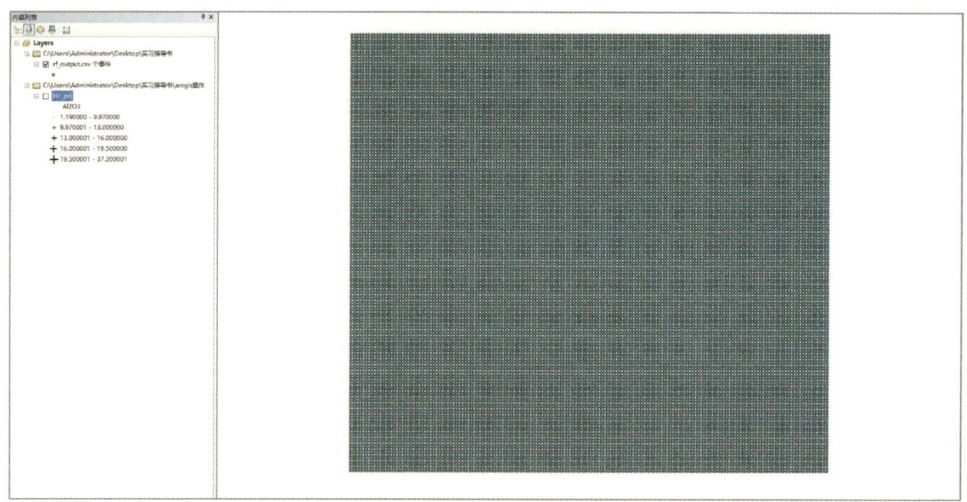

图 2.6 csv 数据转矢量数据结果

2) ArcGIS 点转栅格

➤ 打开工具：点击【ArcToolbox】→【转换工具】→【转为栅格】→【点转栅格】，打开点转栅格工具。

➤ 设置参数：【输入要素】为需要进行点转栅格的矢量数据，【值字段】设置为需要点转栅格的字段（score），【输出栅格数据集】为输出路径及名称，【像元大小】设置同点之间的距离，其他值设置为默认值（图 2.7）。

➤ 输出结果：点击【确定】，得到矢量点转栅格结果（result.tiff）（图 2.8）。

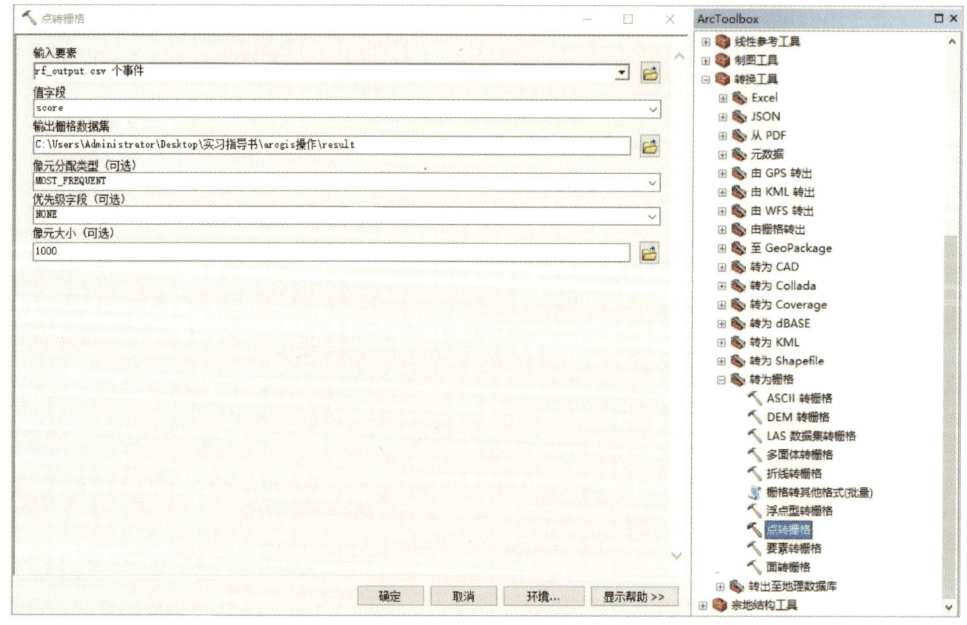

图 2.7 点转栅格设置

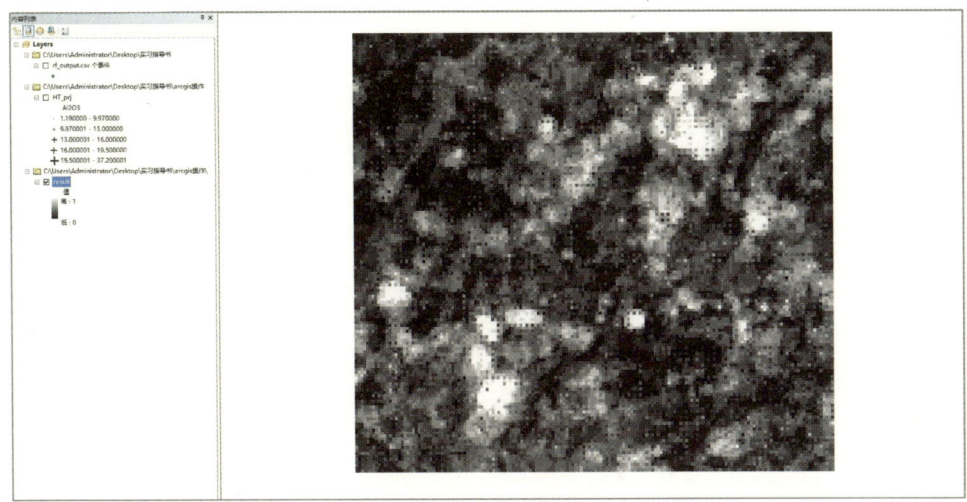

图 2.8　点转栅格结果

3) 修改栅格显示方式

➤ 打开属性表：右击【图层】，点击【属性】。

➤ 设置显示方式：点击【显示】，在【显示期间使用此选项重采样(R)】处选择【双线性(用于连续数据)】(图 2.9)。

➤ 设置分类：点击【符号系统】→【已分类】→【分类】，在弹出的对话框中设置分类方法为分位数，类别为 5(分类方法和类别可人为设置)，设置完成后点击【确定】(图 2.10)。

➤ 设置色带：选择合适的色带，一般而言红色表示高异常，蓝色表示低异常，需要右击设置翻转颜色(图 2.11)。

➤ 输出结果：点击【确定】，显示修改后的结果(图 2.12)。

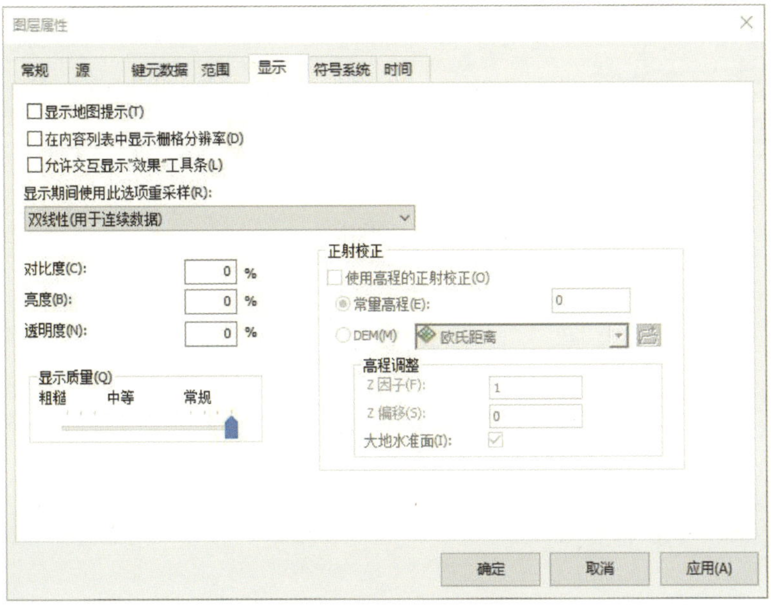

图 2.9　设置栅格显示方式

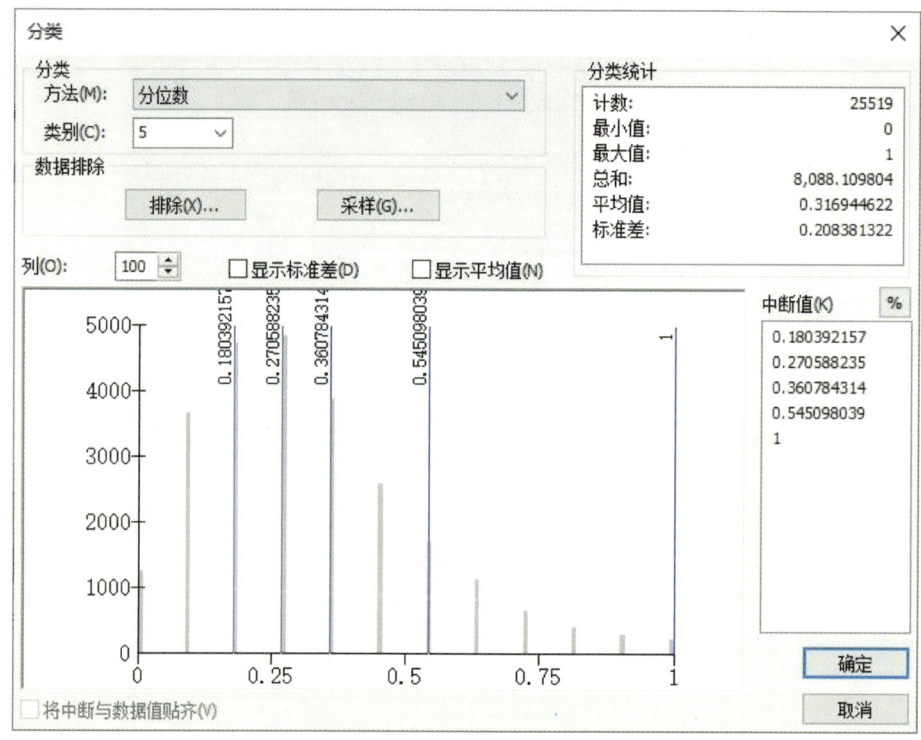

图 2.10　设置分类方式

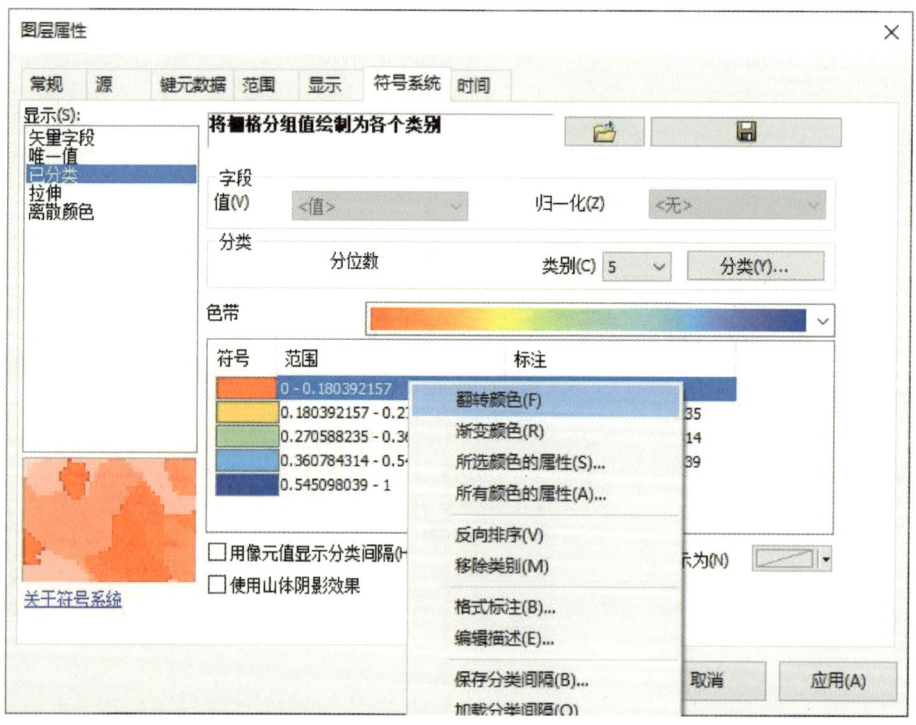

图 2.11　设置色带

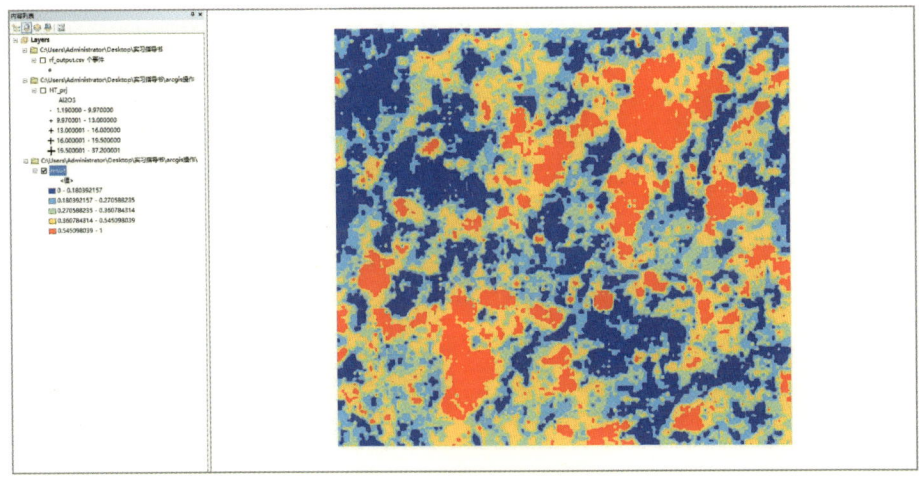

图 2.12 栅格显示结果

2.2 数据插值

数据插值是指将离散的勘查地球化学数据转换为连续的栅格数据。ArcGIS 提供了完备的插值工具,包括反距离权重法、克里金法、自然邻域法和趋势面法等。以地球化学数据反距离权重法插值为例。

➢ 打开工具:点击【ArcToolbox】→【Spatial Analyst 工具】→【插值分析】→【反距离权重法】,打开反距离权重插值工具。

➢ 设置参数:【输入点要素】选择需要进行插值的点数据,【Z 值字段】设置为需要插值的数据(以 Al_2O_3 元素为例),【输出栅格】定义输出栅格路径、名称,【输出像元大小】设置像元大小,其他值设置为默认值(图 2.13)。

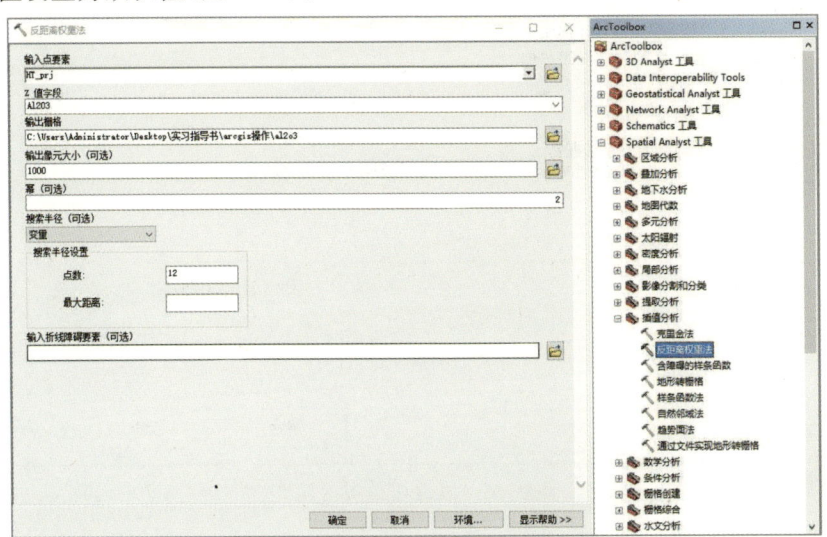

图 2.13 反距离权重法插值参数设置

➤ 输出结果：参数设置完成之后点击【确定】得到插值结果（Al_2O_3.tiff）（图2.14）。

➤ 属性信息查看：插值完成后，可以查看栅格图像的属性值，包括栅格的列数和行数、波段数、像元（栅格）大小等（图2.15）。

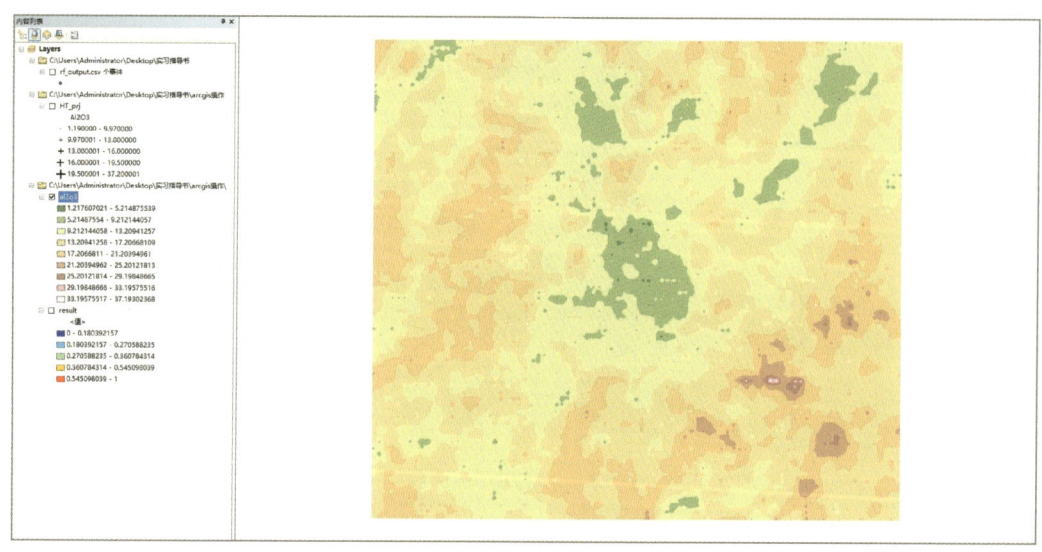

图2.14　反距离权重法插值结果

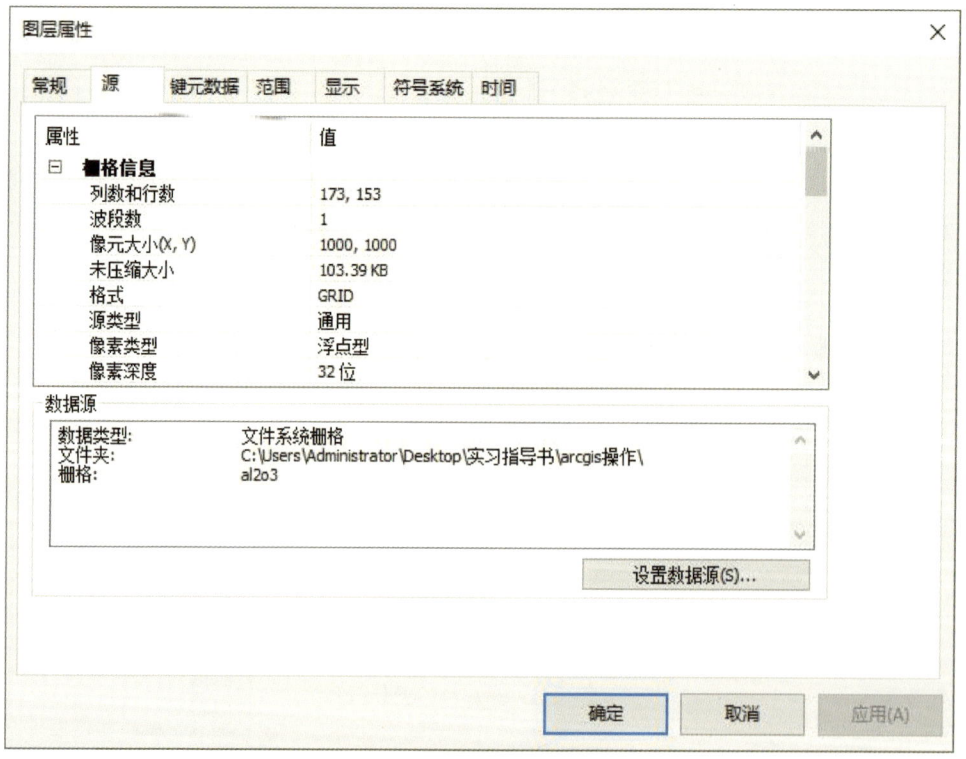

图2.15　查看栅格图像属性

反距离权重法插值的默认结果是数据最外边界组成的矩形图，想得到研究区所对应的特定范围,可以通过掩膜提取的方式得到需要的数据。以案例研究区的掩膜数据 mask.shp 为例。

➤ 打开工具:点击【ArcToolbox】→【Spatial Analyst 工具】→【提取分析】→【按掩膜提取】,打开按掩膜提取工具(图 2.16)。

➤ 设置参数:【输入栅格】选择需要进行掩膜提取的栅格图层,设置【输入栅格数据或要素掩膜数据】为研究区范围或研究区掩膜(mask.shp),【输出栅格】定义输出栅格路径、名称。

➤ 输出结果:点击【确定】,得到研究区范围的插值结果(Al_2O_3_mask.tiff)。

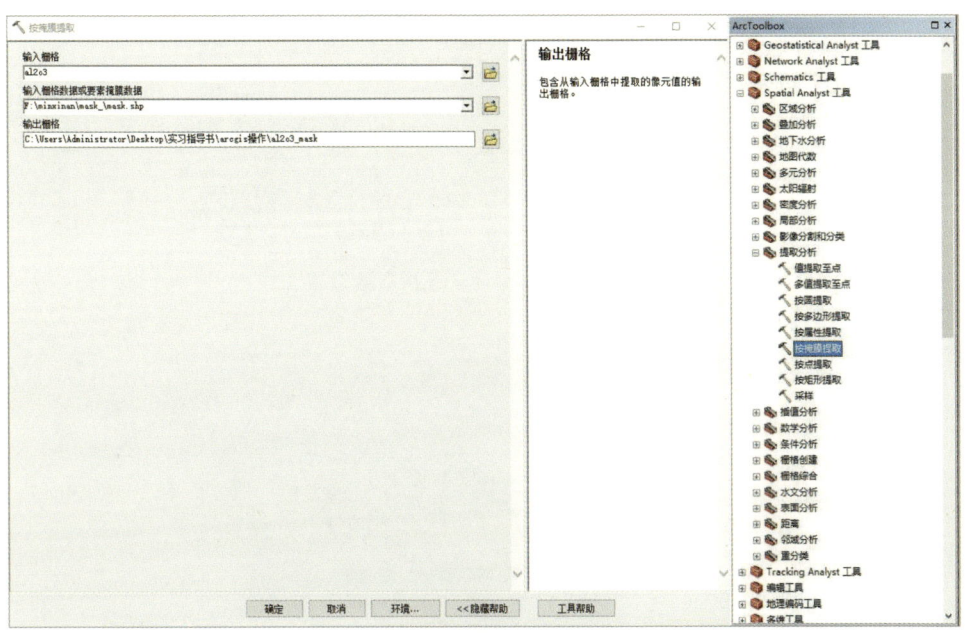

图 2.16 按掩膜提取工具

2.3 缓冲区分析

缓冲区分析的目的是将控矿地质要素(如断裂、地层、岩浆岩等)矢量数据转化为栅格数据并制作证据图层。在 ArcGIS 中,点数据、线数据和面数据都可以进行缓冲区分析,以案例研究区线属性数据(控矿断裂构造)为例。

➤ 打开工具:点击【ArcToolbox】→【分析工具】→【邻域分析】→【多环缓冲区】,打开多环缓冲区分析工具。

➤ 设置参数:【输入要素】为需要进行缓冲区分析的图层,【输出要素类】为缓冲区分析后的输出路径及名称,【距离】设置为距地质体距离,【缓冲区单位】设置为米(meters)或千米(kilometers)等,其余设置为默认选项(图 2.17)。

➤ 输出结果:点击【确定】,得到控矿断裂图层的多环缓冲区分析结果(multi_buffer.shp)(图 2.18)。

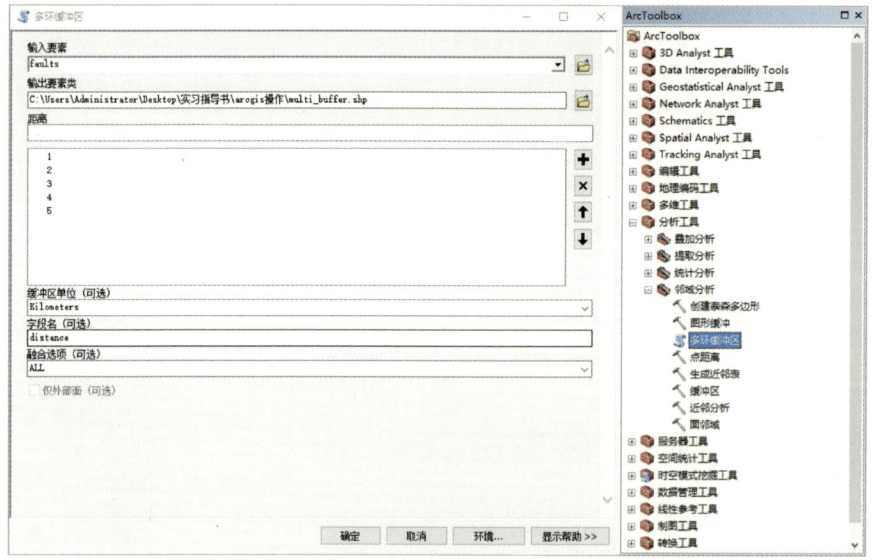

图 2.17　多环缓冲区分析参数设置

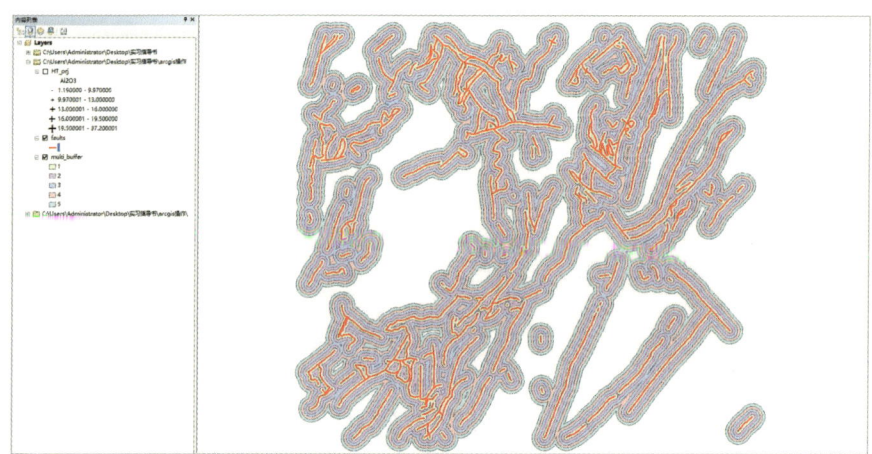

图 2.18　多环缓冲区分析结果

控矿要素缓冲区分析距离(＜1000m、2000m、3000m、4000m、＞4000m)和环数(5 环)设置需参考研究区成矿模型(表 2.1)。

表 2.1　控矿断裂构造缓冲区分析

距离/m	环数/环
＜1000	1
2000	2
3000	3
4000	4
＞4000	5

第 3 章 数据准备

本书以闽西南成矿区矽卡岩型铁多金属矿矿产预测为例。该区研究程度较高,目前已开展大量的地质、地球物理、地球化学、遥感等分析工作。研究数据包括矽卡岩型铁多金属矿床/点(Fe_deposits.shp)、1∶20 万水系沉积物区域勘查地球化学数据(geoche.shp)、燕山期花岗岩体(granite.shp)、北东—北北东向断裂带(fault.shp)、石炭纪—二叠纪碎屑岩地层—碳酸盐岩地层(formation.shp)。其中勘查地球化学数据包括 Al_2O_3、MgO、NaO、Ag、As、Au、Cd、Co、Cu、Fe、Hg、Ni、Pb、Sn、W、Zn 等 39 种主量和微量元素含量值。数据准备工作包括数据格式转换、正负样本标签制作和证据图层制作等。

3.1 MapGIS 格式数据转 ArcGIS 格式数据

本节将分别介绍如何使用 MapGIS 6.7 和 MapGIS 10 将 MapGIS 格式数据转化为 ArcGIS 格式数据。

(1)使用 MapGIS 6.7 将 MapGIS 格式数据转化为 ArcGIS 格式数据。

➤ 打开 MapGIS 6.7 主菜单,点击【图形处理】→【文件转换】(图 3.1)。

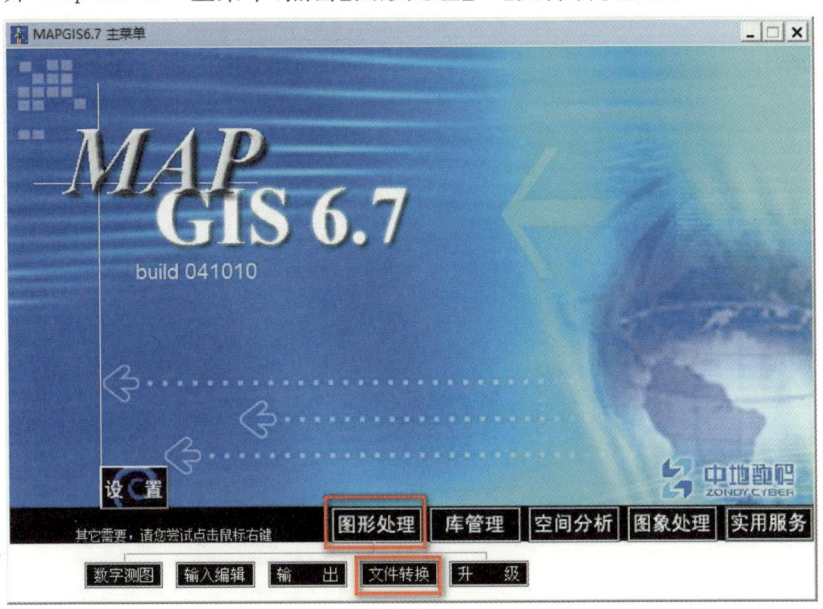

图 3.1 MapGIS 6.7 主菜单

- 输入待转换数据,点击【F 文件】→【P 装入点】(图 3.2)。
- 设置输出数据格式,点击【O 输出】→【输出 SHAPE 文件】(图 3.3)。
- 选择需要转出的点文件,点击【确定】(图 3.4)。
- 设置输出路径及名称。

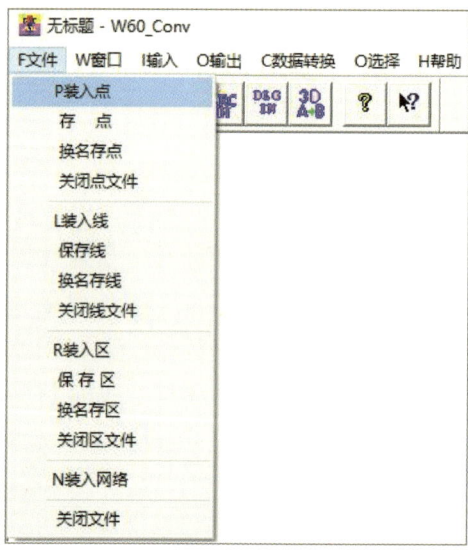

图 3.2　装入点文件

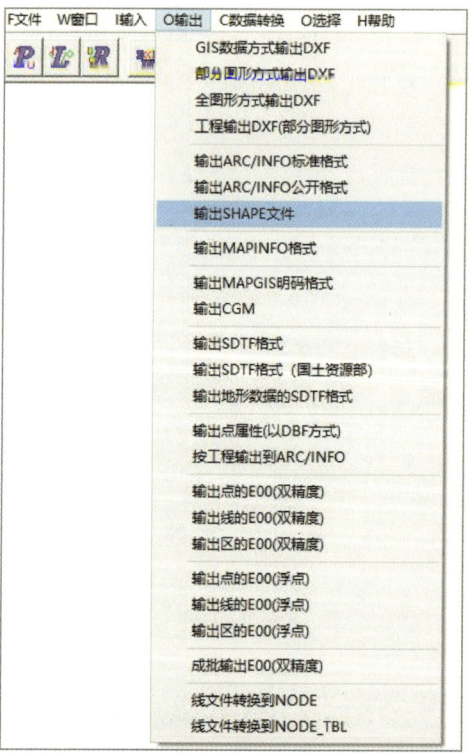

图 3.3　将装入的点文件输出为 SHAPE 文件

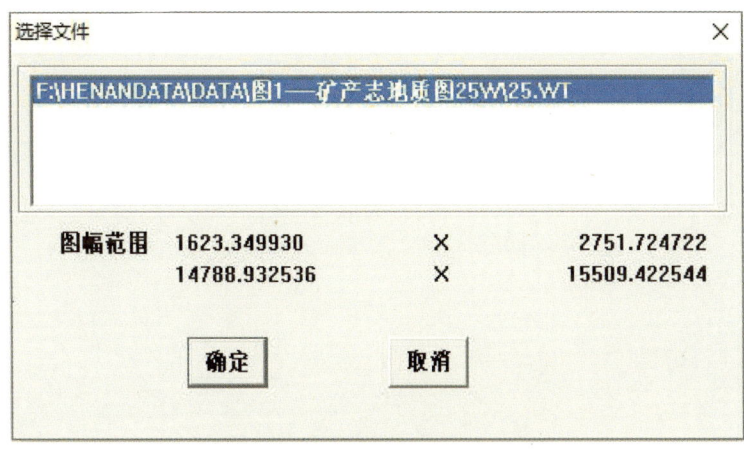

图 3.4 选择需要转出的点文件

(2)使用 MapGIS 10 将 MapGIS 格式数据转化为 ArcGIS 格式数据。它的优点是可批量、无损转换。下载网站提供免费试用版(http://smaryun.com/goods.php?id=2870)。按照如下步骤完成数据转换。

MapGIS 10 创建数据库:
- 在 GDBCatalog 工具栏中,右击【MapGISLocalPlus】,选择【创建数据库】。
- 在弹出的对话框中设置数据库名称(图 3.5)。
- 选择数据库存储位置,并点击【下一步】(图 3.6)。
- 确认设置的数据库信息,并完成创建(图 3.7)。

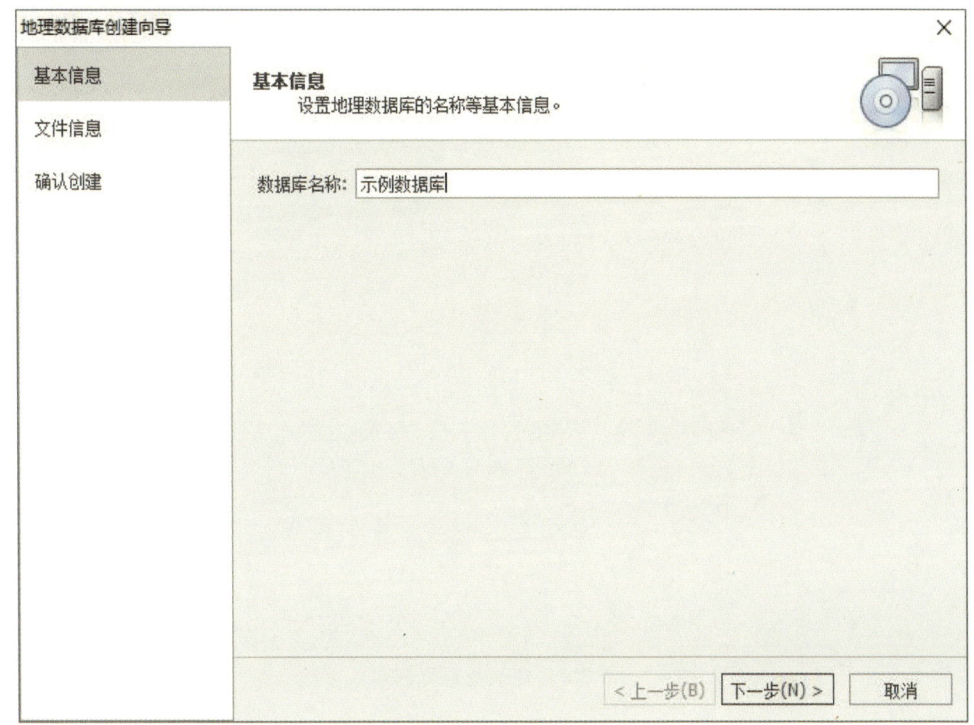

图 3.5 为数据库命名

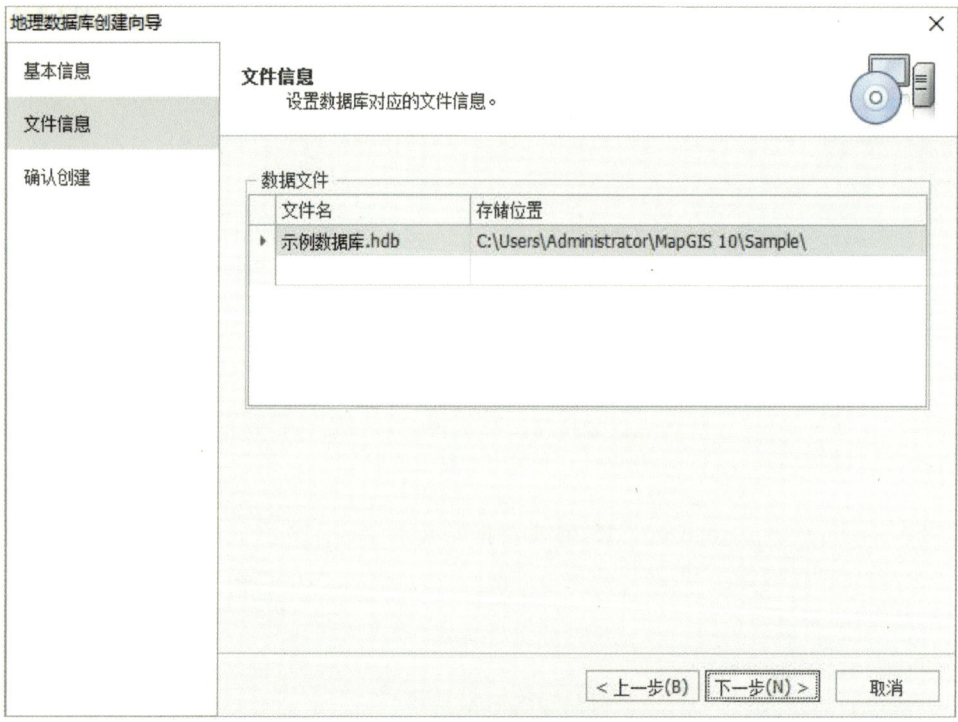

图 3.6 选择数据库存储位置

图 3.7 完成数据库创建

导入 MapGIS 数据：

▶ 右击创建的数据库,点击【导入】→【MapGIS 6x 数据】。
▶ 在弹出的对话框中选取需要导入的数据,并点击【转换(T)】(图 3.8)。
▶ 转换后,原始的 MapGIS 6x 数据转换成 MapGIS 10 中的简单要素类数据(图 3.9)。

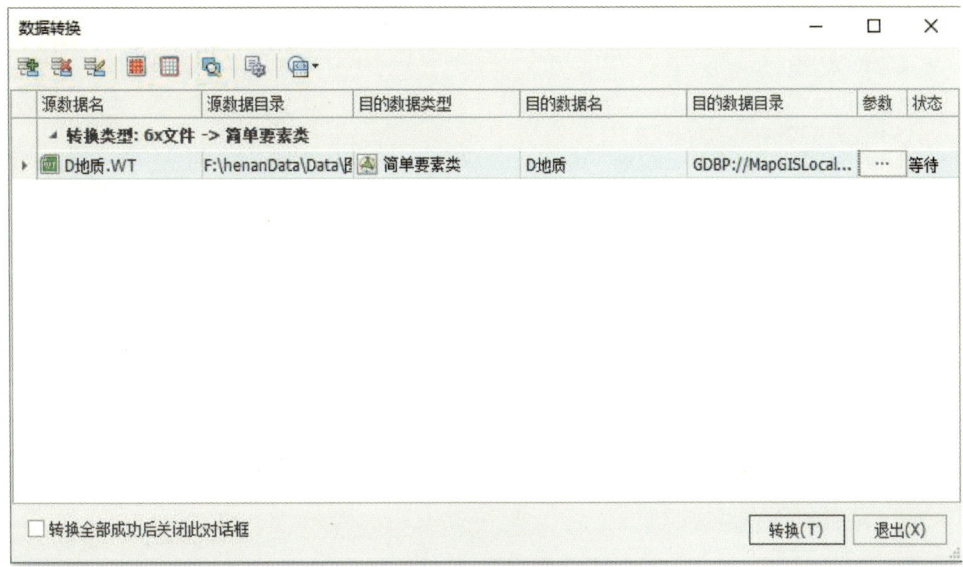

图 3.8　转换数据

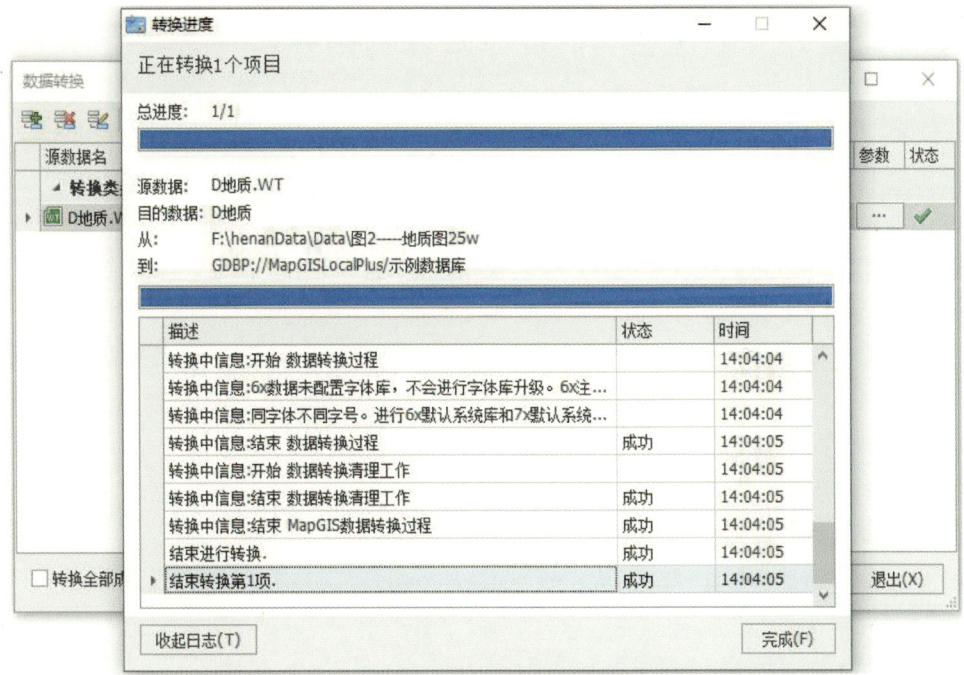

图 3.9　转换完成

导出 ArcGIS 数据：
- 选择转换成功的数据,右击【导出】→【其他数据】。
- 在弹出的对话框中选择目的数据目录,点击【转换(T)】,即可完成 MapGIS 格式数据向 ArcGIS 格式数据的转换(图 3.10)。

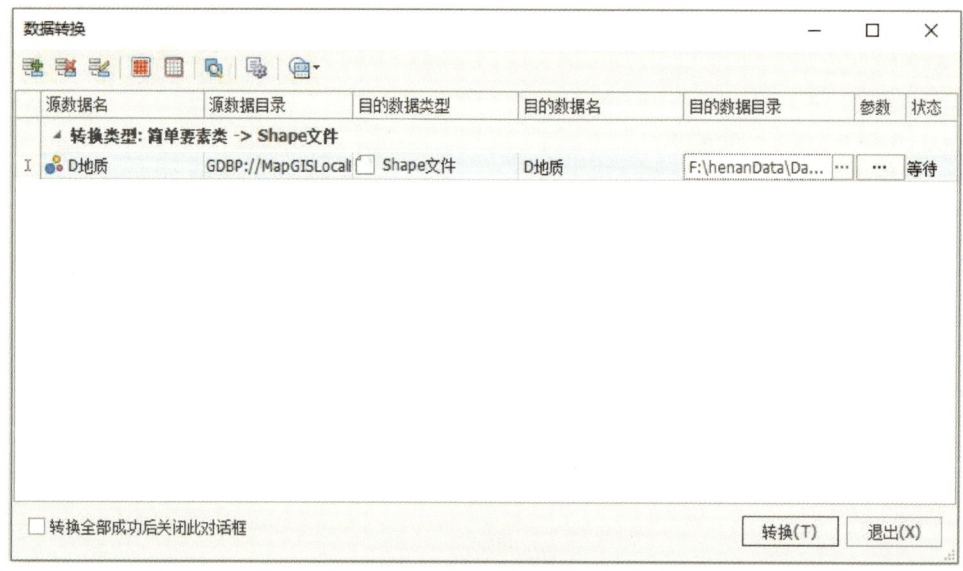

图 3.10　选择目的数据目录

3.2　正负样本标签制作

监督学习算法需要进行正负样本的选取与制作。关于正样本图层的制作,在 ArcGIS 中使用点转栅格工具,将已知的铁多金属矿床点文件(Fe_deposits.shp)转换为栅格(Fe_deposits.tif)文件。ArcGIS 点转栅格操作如下。

- 打开工具:点击【ArcToolbox】→【转换工具】→【转为栅格】→【点转栅格】。
- 设置参数:【输入要素】选择输入数据 Fe_deposits.shp,【值字段】选择属性表中 label 字段,【输出栅格数据集】定义输出路径和名称,【像元大小】设置输出栅格大小为 1000 (米)(图 3.11)。
- 输出结果:点击【确定】,得到栅格文件(Fe_deposits.tif)(图 3.12)。

使用栅格计算器工具,将 Fe_deposits.tif 文件中的 Nodata 栅格值设置为 0,矿点位置栅格值定义为 1,其他位置栅格值定义为 0(图 3.13)。

- 打开工具:点击【ArcToolbox】→【Spatial Analyst 工具】→【地图代数】→【栅格计算器】(图 3.13)。
- 设置参数:【图层和变量】选择 Fe_deposits.tif,在下方输入:Con(IsNull("Fe_deposits.tif"),0,"Fe_deposits.tif"),并设置【输出栅格】的位置及名称。
- 输出结果:点击【确定】,得到正样本栅格图像(Fe_deposits0.tif)(图 3.14)。

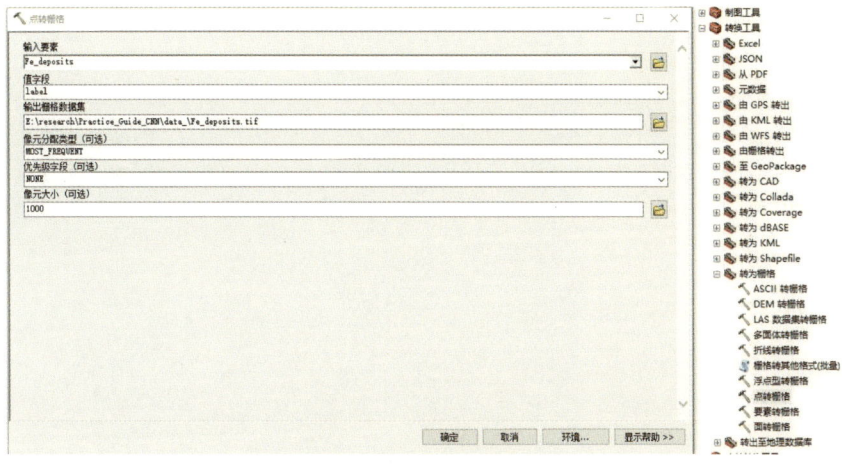

图 3.11 点转栅格操作

图 3.12 点转栅格结果

图 3.13 栅格计算器设置

图 3.14 栅格计算器结果

关于负样本图层的制作,首先借助 ArcGIS 中的缓冲区制作工具获取已知矿点周围 5km 范围的缓冲区。

➤ 打开工具:点击【ArcToolbox】→【分析工具】→【邻域分析】→【缓冲区】。

➤ 设置参数:【输入要素】选择输入数据 Fe_deposits.shp,【输出要素类】设置输出路径和名称,【线性单位】选择单位为米,缓冲距离设置为 5000(图 3.15)。

➤ 输出结果:点击【确定】,得到已知矿点缓冲区结果(Fe_deposits_5km.shp)(图 3.16)。

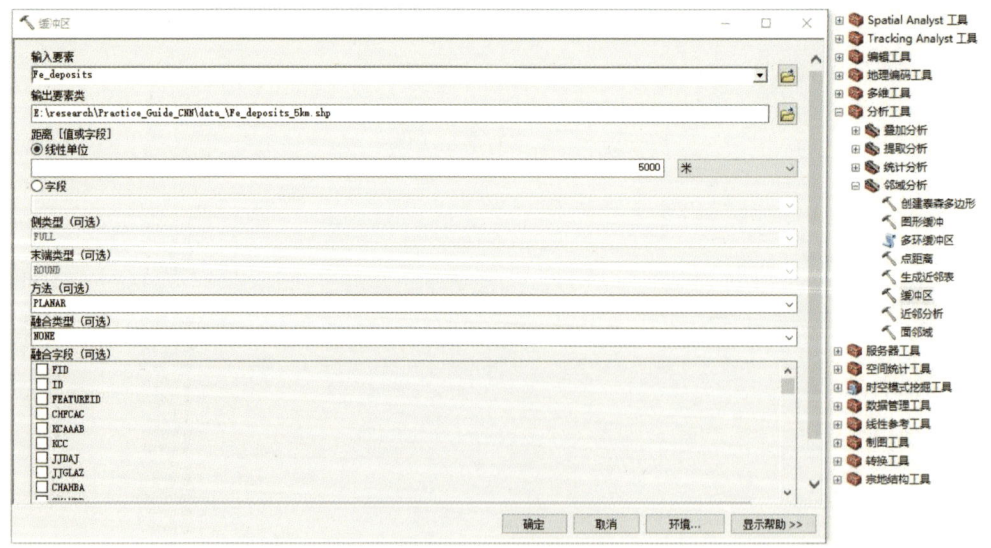

图 3.15 缓冲区制作

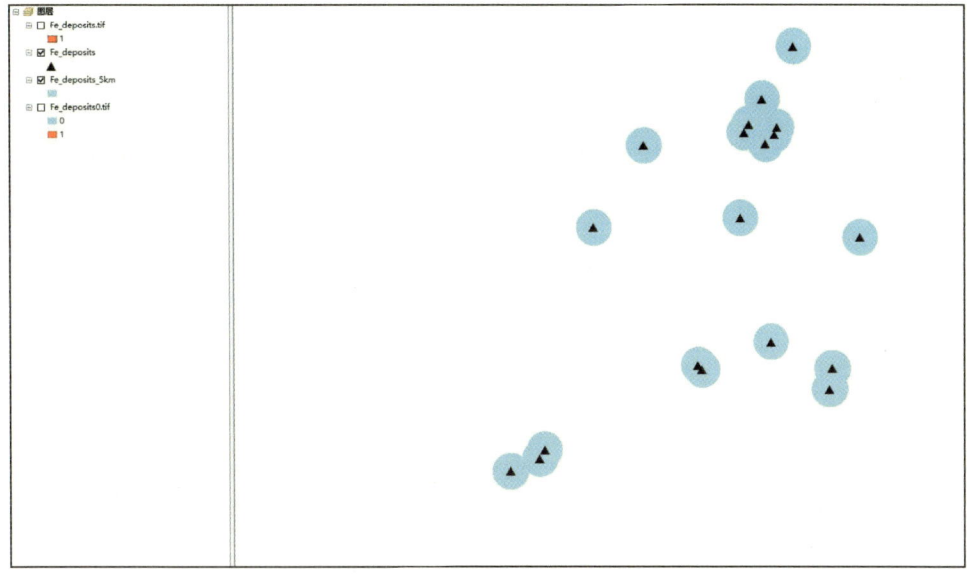

图 3.16 缓冲区结果

得到缓冲区分析结果后使用 ArcGIS 中的擦除工具得到负样本区域的掩膜文件。

➤ 打开工具:点击【ArcToolbox】→【分析工具】→【叠加分析】→【擦除】。

➤ 设置参数:【输入要素】选择研究区掩膜文件(mask.shp),【擦除要素】设置为制作的 5000(米)缓冲区,【输出要素类】设置输出路径和名称(图 3.17)。

➤ 输出结果:点击【确定】,得到擦除结果(mask_erase.shp)(图 3.18)。

得到负样本区域的面属性文件后,使用 ArcGIS 生成随机点工具生成数量相等的负样本点。同时,根据前文所介绍的【点转栅格】操作,使用【栅格计算器】工具将负样本位置的栅格值定义为 0,其他位置的栅格值定义为 1。

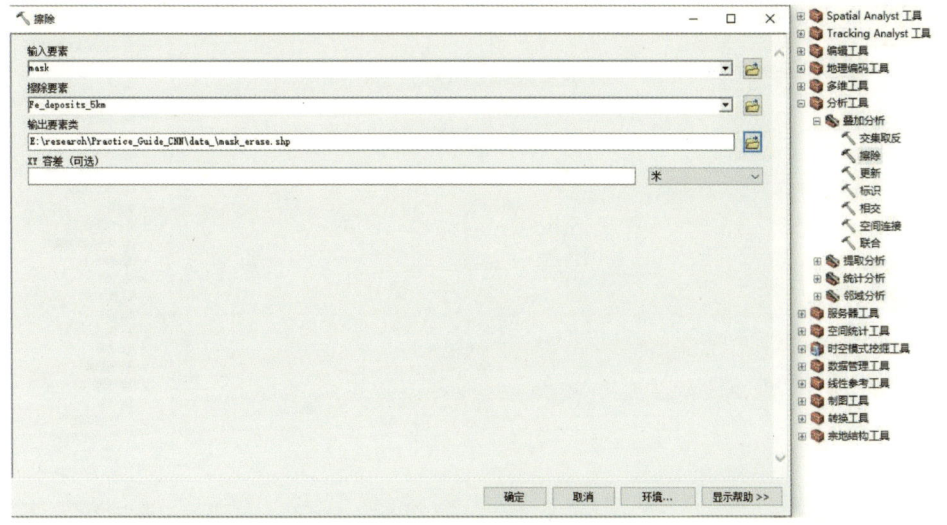

图 3.17 擦除操作

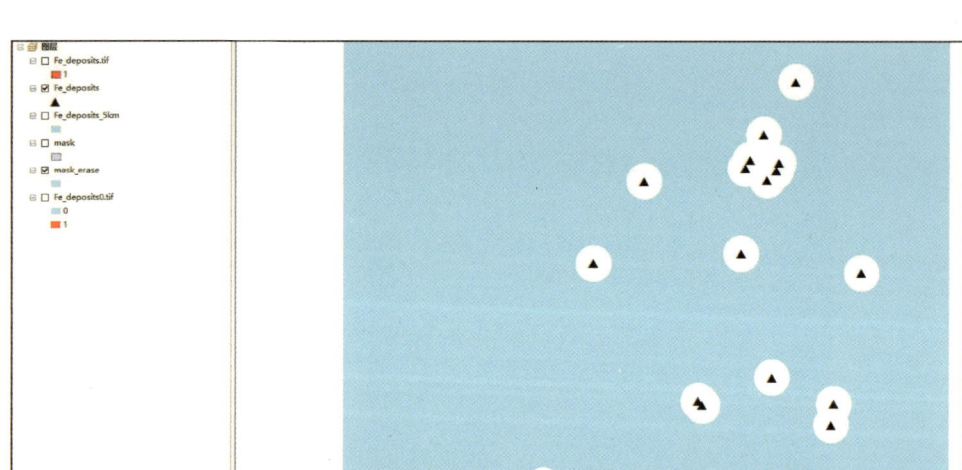

图 3.18 擦除结果

➤ 打开工具:点击【ArcToolbox】→【数据管理工具】→【采样】→【创建随机点】。

➤ 设置参数:【输出位置】设置输出路径,【输出点要素类】为输出的名称 random_non_deposits,【约束要素类】为擦除后的区域(mask_erase)(图 3.19)。

➤ 输出结果:点击【确定】,输出随机负样本点(random_non_deposits)(图 3.20),同时参照前文操作生成负样本栅格图像(non_deposits.tif)。

负样本的选取依据 Carranza 等(2008)提出的 4 个原则:①非矿点的位置应随机分布;②非矿点应该距离已知矿点足够远;③非矿点在所有证据图层上都有对应值;④非矿点和矿点数目相等。

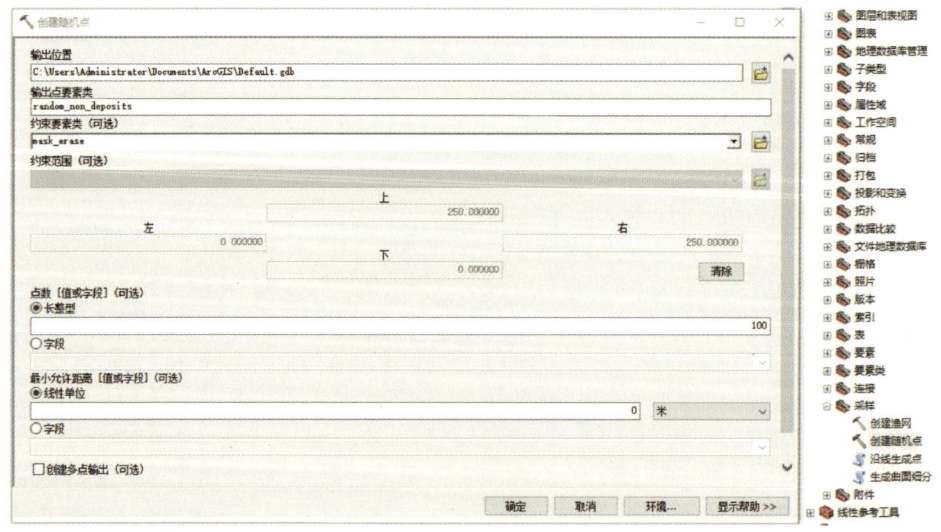

图 3.19 创建随机负样本

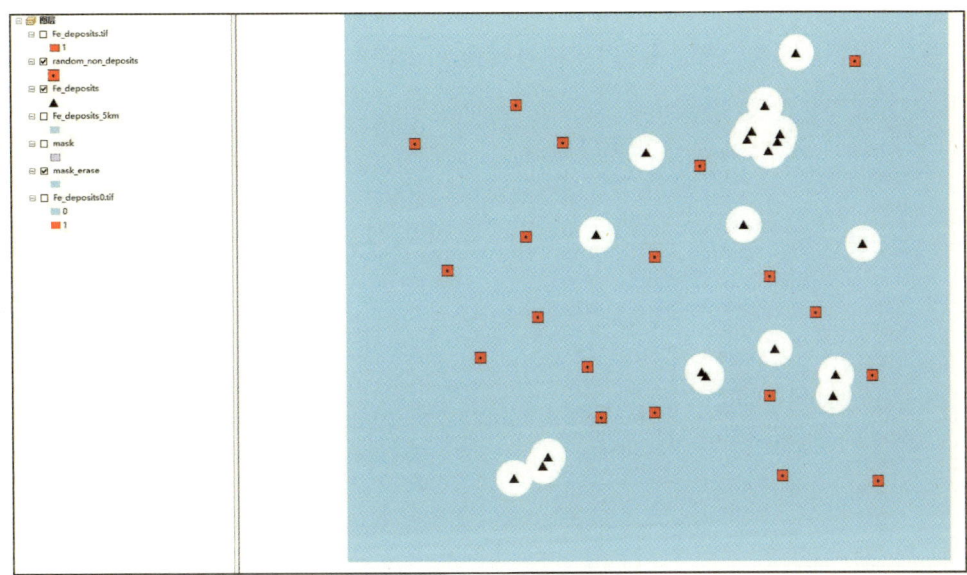

图 3.20　负样本空间分布

3.3　Python 数据读取

Python 语言数据输入和输出主要有两种表达格式,其一为纯文本形式存储表格数据 csv(以".csv"为扩展名),其二为标签图像文件格式 TIFF(以".tiff"为扩展名)。以地球化学和成矿地质要素证据图层数据输入为例,本书将介绍以上两种数据表达格式。

1) csv 格式

csv 全称为逗号分隔值文件格式,在电子表格(Microsoft Excel)中通常以纯文本的方式存储数据表。地球化学数据格式如图 3.21 所示。第一行为表头字段,代表地球化学元素,从第二行开始代表每个样本点对应元素含量值。

A	B	C	D	E	F	G	H	I	J
X	Y	Cu	Mo	Pb	Zn	Al2O3	CaO	Fe2O3	MgO
116.832	24.503	4.000	3.400	70.000	37.500	15.000	0.080	1.600	0.080
116.832	24.521	7.500	7.800	106.000	32.500	24.200	0.010	3.200	0.110
116.852	24.521	4.000	11.900	63.000	37.500	18.900	0.170	2.400	0.060
116.813	24.521	3.000	2.300	63.000	30.000	16.400	0.130	1.900	0.070
116.852	24.539	2.500	6.200	80.000	82.500	21.300	0.110	2.940	0.160
116.812	24.538	2.500	3.400	45.000	77.500	16.800	0.100	2.290	0.150
116.872	24.539	3.000	2.000	60.000	92.500	20.500	0.130	2.940	0.220
116.793	24.538	3.000	1.400	35.000	45.000	10.000	0.150	1.500	0.130
116.832	24.539	2.500	5.200	55.000	82.500	19.000	0.130	2.100	0.160
116.891	24.557	3.500	6.000	50.000	87.500	20.100	0.150	3.040	0.230
116.773	24.556	6.500	1.300	40.000	70.000	13.100	0.220	2.340	0.250
116.872	24.557	3.000	2.000	45.000	65.000	17.500	0.130	2.270	0.190
116.793	24.557	5.500	2.600	37.500	81.000	17.400	0.200	3.150	0.290
116.832	24.557	3.000	5.400	55.000	72.500	19.000	0.170	2.090	0.210
116.852	24.557	2.500	5.000	50.000	60.000	16.400	0.110	1.710	0.130
116.812	24.557	6.500	2.000	35.000	70.000	15.900	0.200	3.000	0.290
116.832	24.575	2.500	3.600	50.000	70.000	18.100	0.170	2.780	0.250
116.852	24.575	1.500	8.400	60.000	52.500	17.300	0.050	2.120	0.110
116.812	24.575	15.700	2.000	31.400	76.100	15.400	0.260	5.090	0.490
116.891	24.575	4.000	1.700	55.000	95.000	20.100	0.250	3.650	0.360
116.872	24.575	2.500	2.400	60.000	77.500	20.500	0.150	2.760	0.240
116.773	24.575	4.000	2.000	60.000	90.000	19.300	0.150	3.270	0.380
116.911	24.575	3.500	1.400	40.000	70.000	14.000	0.100	2.320	0.200

图 3.21　地球化学 csv 数据格式

成矿要素证据图层数据格式如图 3.22 所示。第一行代表表头字段，前五列代表成矿要素证据图层，最后一列代表样本标签（正样本赋值 1，负样本赋值 0）。

A	B	C	D	E	F
Formation	Granite	Geochemical	Fault	Magnetic	label
0.00	0.00	0.70	0.02	1.00	0.00
0.00	0.00	0.60	0.03	1.00	0.00
0.00	0.00	0.60	0.05	0.90	0.00
0.00	0.00	0.50	0.05	0.90	0.00
0.00	0.00	0.50	0.09	0.90	0.00
0.00	0.00	0.50	0.09	0.90	0.00
0.00	0.00	0.50	0.15	0.90	0.00
0.00	0.00	0.40	0.15	0.80	1.00
0.00	0.00	0.40	0.15	0.70	0.00
0.00	0.00	0.40	0.15	0.60	0.00
0.00	0.00	0.40	0.09	0.60	1.00
0.00	0.00	0.40	0.05	0.50	0.00
0.00	0.00	0.30	0.05	0.40	0.00
0.00	0.00	0.30	0.02	0.40	0.00

图 3.22　证据图层 csv 数据格式

在 Python 中读取 csv 文件（以 geochemical_data.csv 命名），可以直接调用标准库中的模块：

```
import csv
data=open('geochemical_data.csv','rb')
reader=csv.reader(data)
```

写入 csv 格式数据（以 data.csv 命名）亦同：

```
import csv
data=open('geochemical_data.csv','rb')
writer=csv.writer(data)
```

2）TIFF 格式

TIFF 全称为标签图像文件格式，主要用于存储栅格图像数据，可以支持多色彩及多波段图像。

在 Python 中读取 TIFF 文件（以 geochemical_data.tif 命名），可以直接调用标准库中的模块：

```
import cv2
data=cv2.imread('geochemical_data.tif',-1)
```

写入 TIFF 格式数据（以 data.tif 命名）亦同：

```
import cv2
cv2.imwrite('data.tif', geochemical_data.tif)
```

3.4　地球化学成分数据转换

勘查地球化学数据属于典型的成分数据，需要进行成分数据变换去除闭合效应的影响（Aitchison，1986）。本书使用 CoDaPack 软件进行地球化学成分数据的转换，下载网站为：http://www.compositionaldata.com/codapack.php。

▶ 导入生成的 csv 文件（图 3.23），修改分隔符为逗号（图 3.24）。

▶ 使用中心对数比变换（centered log-ratio transformation，clr）打开成分数据，点击【Data】下拉列表中的【Transformations】中的【CLR】选项（图 3.25）。

▶ 选择进行变换的 39 个元素（图 3.26）。

▶ 将变换结果导出成 csv 文件进行保存（图 3.27）。

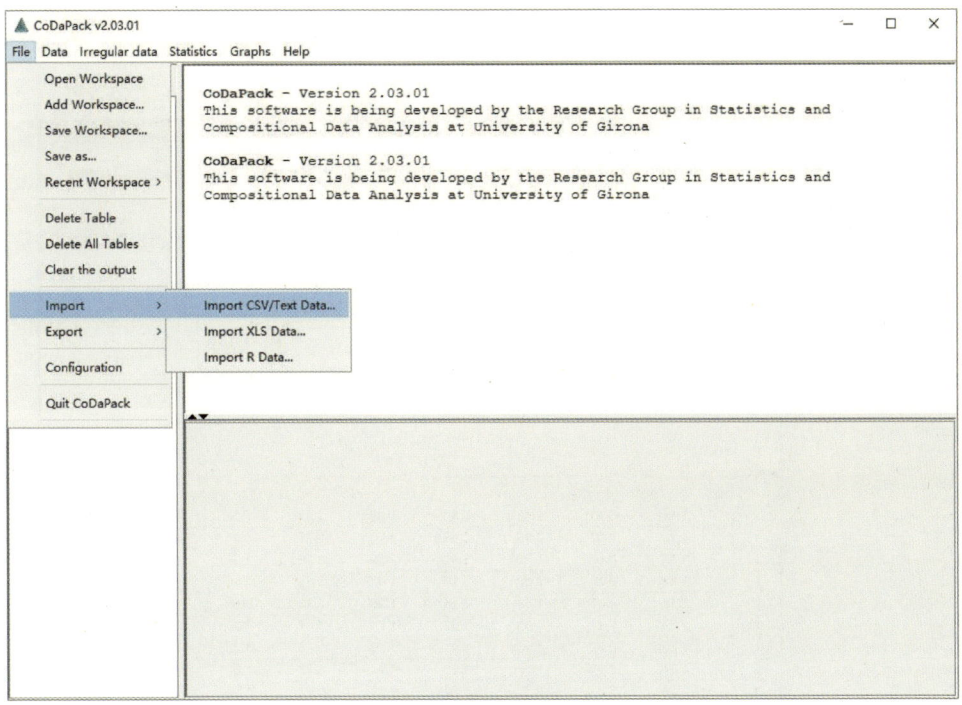

图 3.23　导入文件

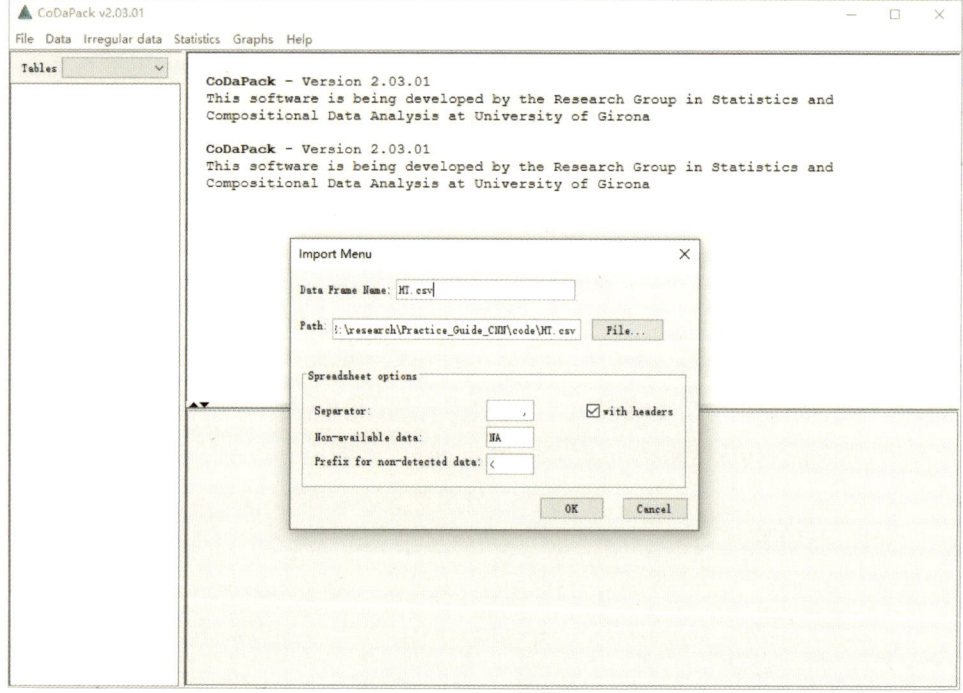

图 3.24　设置参数

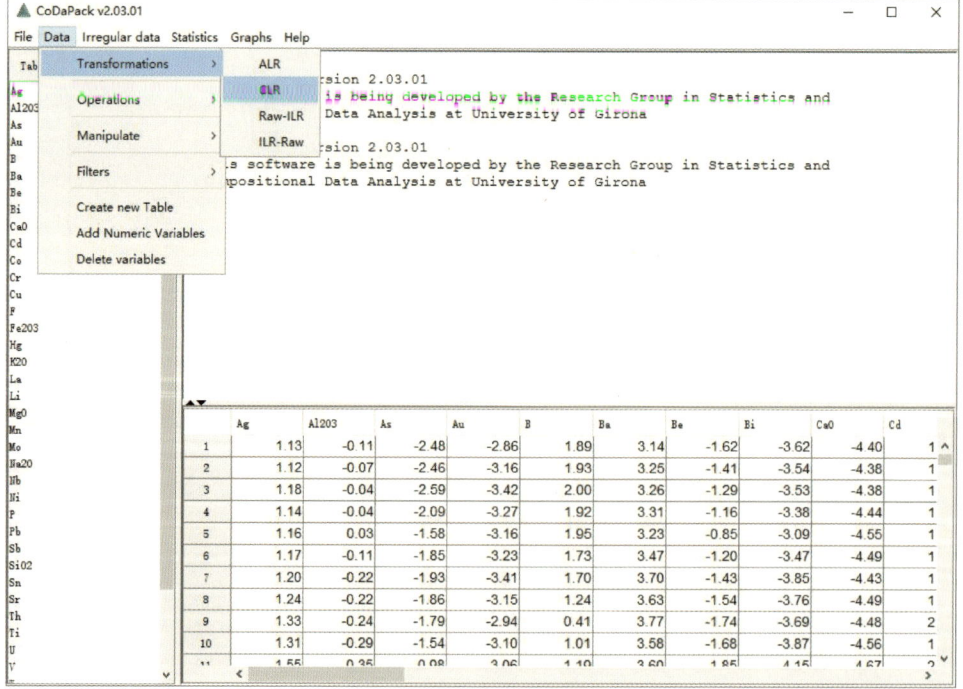

图 3.25　CLR 变换

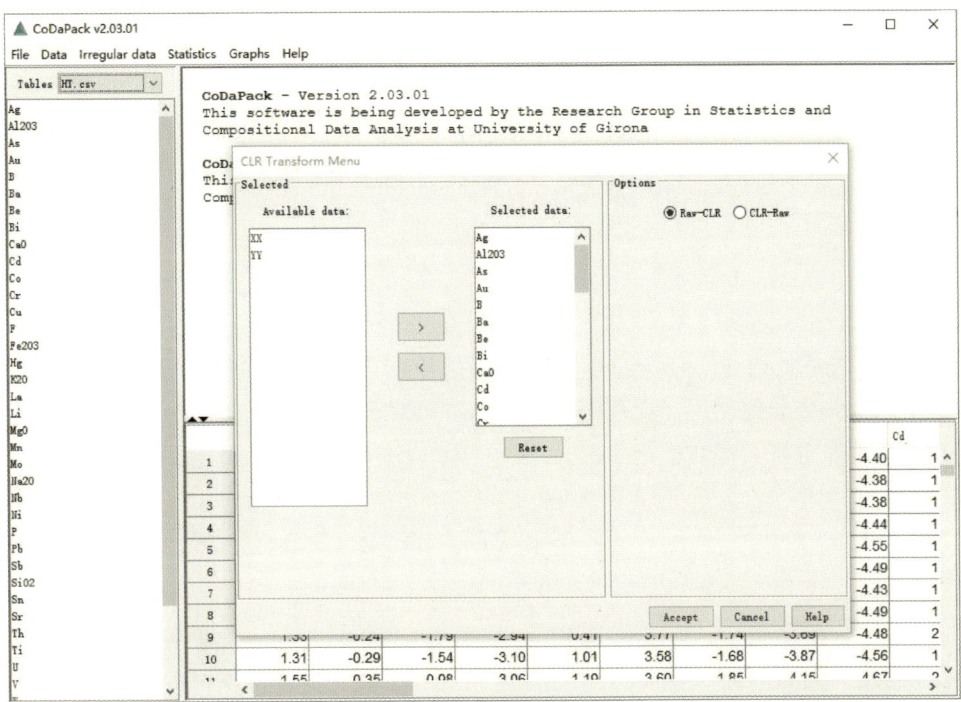

图 3.26 元素选择

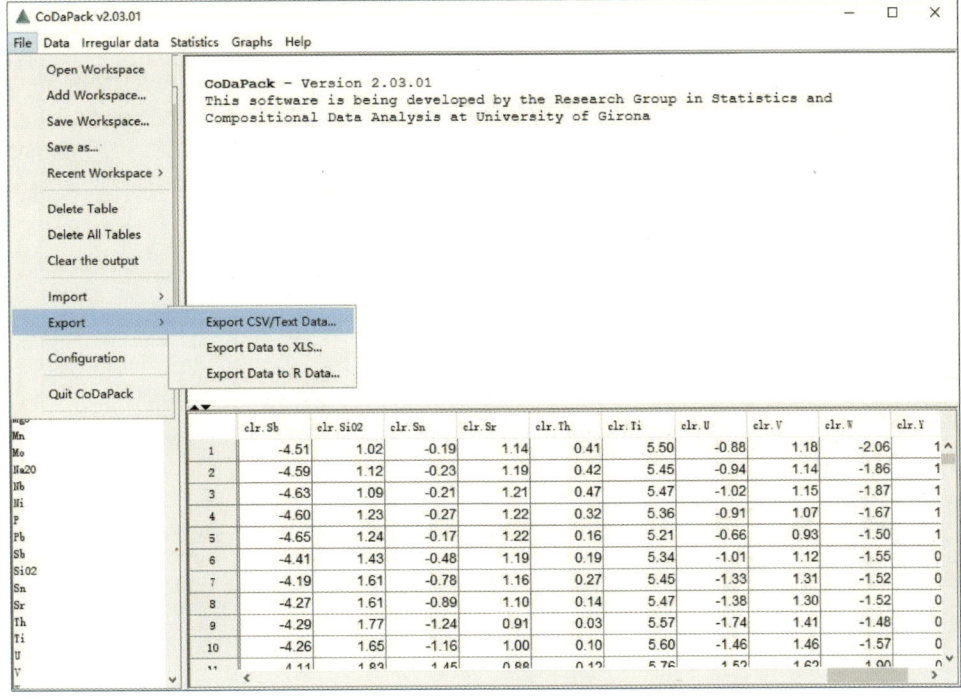

图 3.27 数据保存

第 4 章 随机森林

随机森林是一种通过 bagging 思想将多棵决策树进行集成的集成学习算法(Breiman, 2001)。本章将介绍如何使用经典的随机森林分类器对研究区找矿证据图层进行特征提取和集成融合,进而圈定研究区找矿远景区。

4.1 算法原理

将训练样本表示为 $(x_i,y_i)_{i=1}^N$,其中 x_i 是含有 n 个特征的第 i 个样本,y_i 是 x_i 对应的类别。根据 bagging 思想训练集生成 k 个样本来组成一个决策树。每棵树采用基尼不纯度的最小准则来确定最优分裂节点,其数学方法可以表示为

$$G(a) = \sum_{m=1}^{M} p_m(1-p_m) = 1 - \sum_{m=1}^{M} p_m^2$$

其中,$G(a)$ 是节点 a 的基尼指标。总共有 M 个分类,样本点属于第 m 个分类的概率是 p_m。如果在某个节点上不再可能进一步显著地减少不纯度,则该节点将成为叶子节点;否则,继续寻找其最优分裂变量和分裂阈值进行分裂(图 4.1)。每棵决策树依据 x_i 的属性进行投票,决定其成矿的可能性。从决策树中得到分类概率,然后对这些概率取平均值,以得到最终的预测概率。

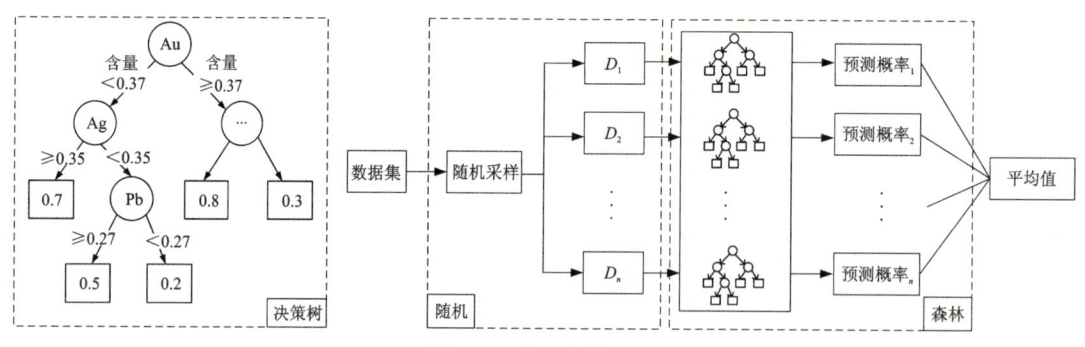

图 4.1 随机森林原理

4.2 样本制作

根据第 3 章的数据准备操作,得到 46 个图层。运行 Python 数据读取代码(附录 1),将栅

格文件转换为 csv 格式(图 4.2),并按照[地球化学元素图层,地质要素图层,坐标图层,正负样本标签图层]的格式保存为 rf_data.csv 文件,具体步骤如下。

1)调用工具包

```python
import cv2 as cv
import numpy as np
import os
import pandas as pd
```

2)地球化学图层读取

```python
def read_data():
    Geochemical_files = os.listdir('./data/Geochemical_data')  #读取地球化学图层文件名
    Geochemical_list = []
    for Geochemical_file in Geochemical_files:
        Geochemical_file_path = os.path.join('./data/Geochemical_data', Geochemical_file)
        element_array = cv.imread(Geochemical_file_path, 2)
        element_array = element_array.reshape(element_array.shape[0]*element_array.shape[1], 1)
        Geochemical_list.append(element_array)
    Geochemical_array = np.concatenate(Geochemical_list, axis=1)  #得到地球化学证据图层
```

3)地质要素(包含坐标)图层读取

```python
Geological_files = os.listdir('./data/Geological_data')  #读取每个地质要素图层文件名
Geological_list = []
for Geological_file in Geological_files:
    Geological_file_path = os.path.join('./data/Geological_data', Geological_file)
    feature_array = cv.imread(Geological_file_path, 2)
    feature_array = feature_array.reshape(feature_array.shape[0]*feature_array.shape[1], 1)
    Geological_list.append(feature_array)
Geological_array = np.concatenate(Geological_list, axis=1)  #得到地质变量证据图层
data_array = np.concatenate((Geochemical_array, Geological_array), axis=1)
# 合并地球化学证据图层和地质要素证据图层
return Geochemical_array, Geological_array, data_array
```

4)正负样本标签图层读取

```python
label1 = cv.imread('./data/label/Fe_deposits0.tif', 2)  #读取正样本标签图层
label1 = label1.reshape(label1.shape[0]*label1.shape[1], 1)
label0 = cv.imread('./data/label/non_deposits1.tif', 2)  #读取负样本标签图层
label0 = label0.reshape(label0.shape[0]*label0.shape[1], 1)
all_array = np.concatenate((data_array, label1, label0), axis=1)  #合并所有证据图层
```

5）输出 csv 格式文件

```
Geochemical_name = os.listdir('./data/Geochemical_data')
Geological_name = os.listdir('./data/Geological_data')
DataFrame_header = []
for i in Geochemical_name:
    DataFrame_header.append(i[:-4])
for i in Geological_name:
    DataFrame_header.append(i[:-4])
DataFrame_header.append('label1')
DataFrame_header.append('label0')
all_array = pd.DataFrame(all_array)
all_array.columns = DataFrame_header
all_array.to_csv(r'rf_data.csv', header=True, index=False)#输出csv格式
```

至此,数据读取完毕(图 4.2)。

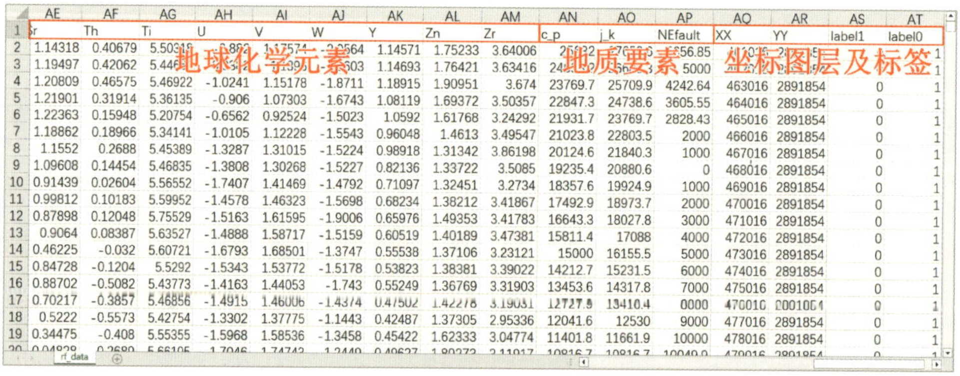

图 4.2 Python 输入数据

4.3 参数优化

随机森林模型在 Python 语言中只需调用少量代码便可完成模型的建立,但是模型所需的参数众多。影响随机森林性能的主要参数有两个:一是每个决策树节点处所选择的特征变量个数 max_features,决定了单棵决策树的预测能力;二是决策树的数量 n_estimators,决定了整个随机森林的规模,数量过大会导致过拟合,过小会导致欠拟合。随机森林在抽样过程中通过袋外样本的误分率即袋外误差(out-of-bag error,OOB error)的估计作为整体泛化误差的无偏估计。也就是说,在决策树生成过程中即对误差建立了一个无偏估计,类似于交叉验证。一般地,OOB error 越小,随机森林的预测效果越好。OOB error 最小时对应的参数值即为其最优的参数取值。

机器学习的参数优化方法有很多,如试错、网格搜索、随机搜索等。目前没有最优的参数优化方法,在参数数量特别多的情况下,随机搜索比网格搜索更高效,在相同搜索次数下,随

机搜索能尝试更多的参数值,缩小搜索范围。在小范围内,网格搜索能弥补随机搜索带来的盲目性,提高搜索效率。但无论哪种优化方法目前都很难满足网络模型中众多超参数同时调优的需求,仍需借助调参者对模型的理解和个人经验,手动设置超参数,找到合适的搜索范围或者值,进而得到最优或近似最优的参数配置。基于网格搜索的随机森林参数优化步骤如下(附录2)。

1)决策树的数量 n_estimators

➤ 采用网格搜索,设置 n_estimators 的搜索范围(0,200,10),以预测准确率为评价指标,寻找最优的 n_estimators 参数取值(图 4.3)。

```
cross = []
for i in range(0, 200, 10): #设置参数搜索范围
    rf = RandomForestClassifier(n_estimators=i+1, n_jobs=-1, random_state=0)
    cross_score = cross_val_score(rf, train_data, train_label, cv=5).mean()
    cross.append(cross_score)
plt.plot(range(1, 201, 10), cross)
plt.xlabel('n_estimators')
plt.ylabel('acc')
plt.show()
print('n_estimators:', (cross.index(max(cross))*10)+1) #输出最优参数
```

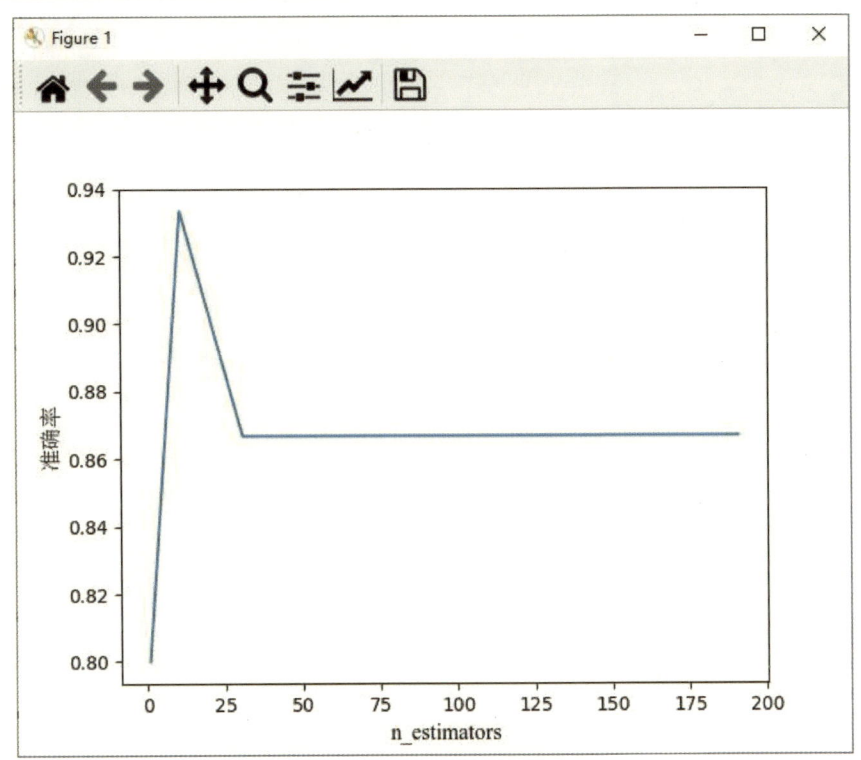

图 4.3　n_estimators 调参结果

2)特征变量个数 max_features

➤ 采用网格搜索,设置 max_features 的搜索范围(1,20,1),以预测准确率为评价指标,寻找最优的 max_features 参数取值(图 4.4)。

```
param_grid = {'max_features': np.arange(1, 20, 1)} #设置参数搜索范围
rf = RandomForestClassifier(n_estimators=11, random_state=0)
GS = GridSearchCV(rf, param_grid, cv=5)
GS.fit(train_data, train_label)
GS.best_params_
print(GS.best_params_) #输出最优参数
```

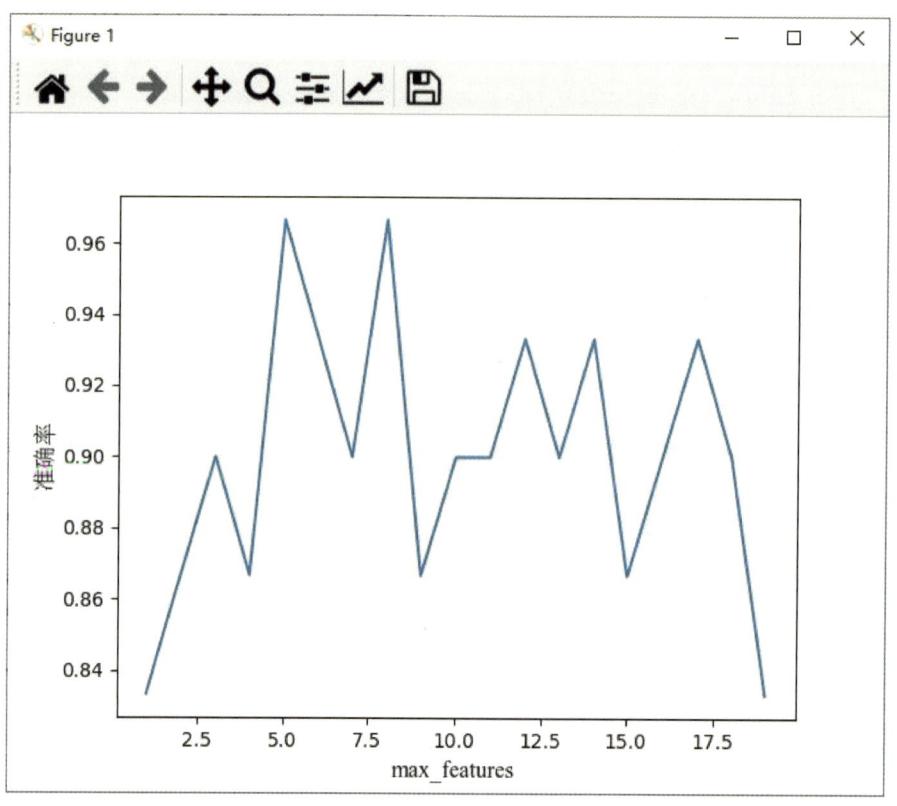

图 4.4 max_features 调参结果

3)袋外误差曲线

➤ 袋外误差曲线(图 4.5)显示 OOB error 平稳降低并最终收敛,表明在该参数组合下模型可获得最优的分类效果。

```
min_estimators = 1
max_estimators = 200
error_rate = OrderedDict(error_RF=[])
rf = RandomForestClassifier(oob_score=True, max_features=5)
for i in range(min_estimators, max_estimators + 1, 10):
    rf.set_params(n_estimators=i, random_state=0)
    rf.fit(train_data, train_label)
    oob_error = 1 - rf.oob_score_
    error_rate['error_RF'].append((i, oob_error))
for label, err in error_rate.items():
    xs, ys = zip(*err)
    x_smooth = np.linspace(np.array(xs).min(), np.array(xs).max(), 200)
    y_smooth = make_interp_spline(xs, ys)(x_smooth)
    plt.plot(x_smooth, y_smooth)
plt.xlim(min_estimators, max_estimators)
plt.ylim(0.0, 1.0)
plt.xlabel("The number of trees", fontdict={'family': 'Times New Roman', 'size':12})
plt.ylabel("OOB error rate", fontdict={'family': 'Times New Roman', 'size':12})
plt.xticks(fontproperties='Times New Roman', size=12)
plt.yticks(fontproperties='Times New Roman', size=12)
plt.show()
```

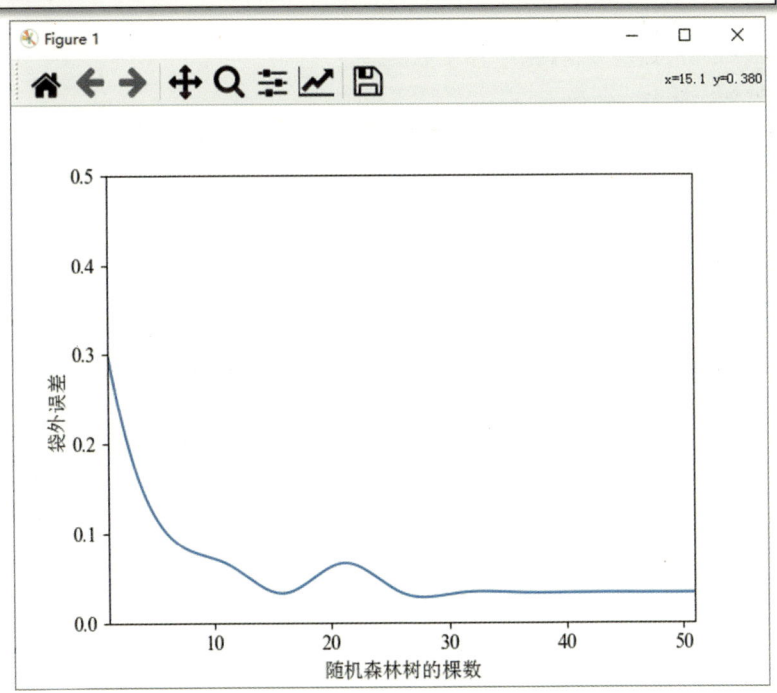

图 4.5　袋外误差曲线

4.4 模型输入

随机森林模型的输入包括训练样本和测试样本。运行基于随机森林的矿产资源潜力评价代码（附录3），将输入数据（rf_data.csv）以 8∶2 的比例分为训练样本和验证样本。

1）调用工具包

```python
from sklearn.metrics import roc_curve, auc
import pandas as pd
from sklearn.ensemble import RandomForestClassifier
from sklearn.model_selection import train_test_split
import matplotlib.pyplot as plt
from collections import OrderedDict
from scipy.interpolate import make_interp_spline
import numpy as np
from sklearn.model_selection import GridSearchCV
```

2）样本集制作

```python
rf_data = pd.read_csv('rf_data.csv') #读取输入数据
data_pos = rf_data[rf_data['label1'] == 1] #正样本标签
data_neg = rf_data[rf_data['label0'] == 0] #负样本标签
data_train = pd.concat([data_pos, data_neg])
property = data_train.iloc[:, :42]
label = data_train['label1']
x_train, x_valid, y_train, y_valid = train_test_split(property, label, train_size=0.8,
random_state=17) #按比例 (train_size) 分割输入数据
train_data = x_train #训练样本
train_label = y_train #训练标签
valid_data = property #验证样本
valid_label = label #验证标签
test_data = rf_data.iloc[:, :42] #测试样本
```

4.5 模型训练及预测

根据随机森林参数优化结果，将参数 max_features 和 n_estimators 分别设置为 5 和 11，然后对随机森林模型进行训练、预测及预测结果输出（rf_output.csv）。

1）模型训练

```python
rf = RandomForestClassifier(n_estimators=11, max_features=5) #参数设置
rf.fit(x_train, y_train)
```

2）模型预测

```
predicted = pd.DataFrame()
output = rf.predict_proba(test_data)[:, 1]  #模型预测
```

3）预测结果输出

```
predicted['score'] = output
predicted['XX'] = rf_data['XX']
predicted['YY'] = rf_data['YY']
predicted['label1'] = rf_data['label1']
predicted['label0'] = rf_data['label0']
predicted.to_csv('rf_output.csv', header=True, index=False)  #输出预测结果
```

4）预测结果可视化

将输出的预测结果（rf_output.csv）导入 ArcGIS 中进行可视化显示并制图（图 4.6），结果可视化流程见 2.1.2 节。

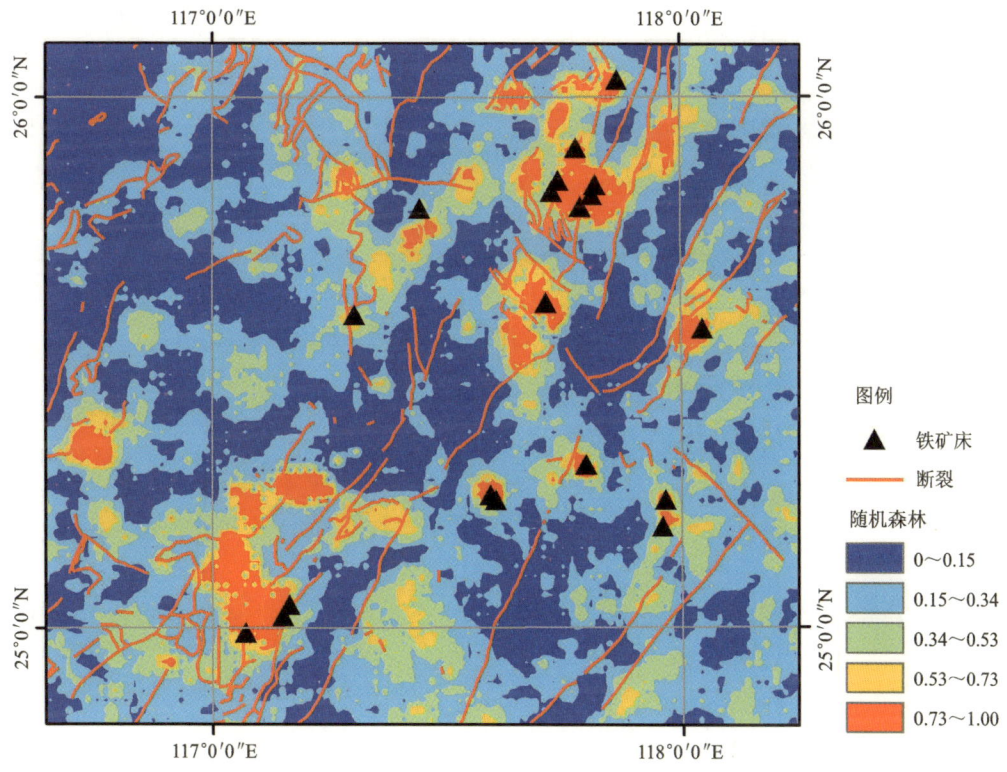

图 4.6 随机森林预测结果

4.6 结果评价

利用受试者工作特征(receiver operating characteristic, ROC)曲线来评价模型的预测性能。ROC 曲线能够反映模型在不同阈值下其真阳性率和假阳性率的变化趋势。一般地，ROC 曲线越接近左上角，表明模型预测效果越好(图 4.7)。同时，使用 ROC 曲线下的面积(area under curve, AUC)来定量表征模型的预测能力，该值越接近 1，模型的表现越好。

1) 模型评价

```
verify_y = rf.predict_proba(verify_data)[:, 1]
fpr, tpr, _ = roc_curve(verify_label, verify_y, pos_label=1, drop_intermediate=False)
roc_auc = auc(fpr, tpr) #AUC值
```

2) 绘制 ROC 曲线

```
plt.figure()
plt.title("ROC Validation")
plt.plot(fpr, tpr, 'b', label="AUC=%0.2f" % roc_auc)
plt.legend(loc='lower right')
plt.plot([0, 1], [0, 1], 'r--')
plt.xlim([-0.05, 1.05])
plt.ylim([-0.05, 1.05])
plt.ylabel('True Positive Rate')
plt.xlabel('False Positive Rate')
plt.show()
```

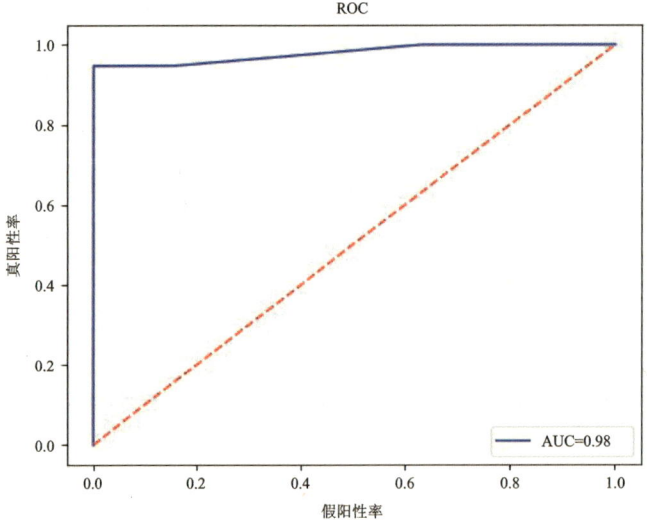

图 4.7　ROC 曲线评价随机森林模型

第 5 章 卷积神经网络

卷积神经网络(convolutional neural network,CNN)是由多层感知机发展而来的前馈神经网络,是深度学习的代表算法之一。卷积神经网络中的卷积、池化操作充分考虑了输入数据的空间结构特征,已经被广泛应用于矿产资源潜力评价。本章将介绍如何使用卷积神经网络对研究区成矿要素证据图层进行特征提取和集成融合,进而圈定研究区找矿远景区。

5.1 算法原理

卷积神经网络的基本结构包括输入层、卷积层、池化层、全连接层和输出层(图5.1),其基本原理为对输入数据通过卷积、池化操作进行空间特征提取,然后将空间特征展平为1维向量输入到全连接层,从而将输入数据转化为用于识别和分类的特征向量。

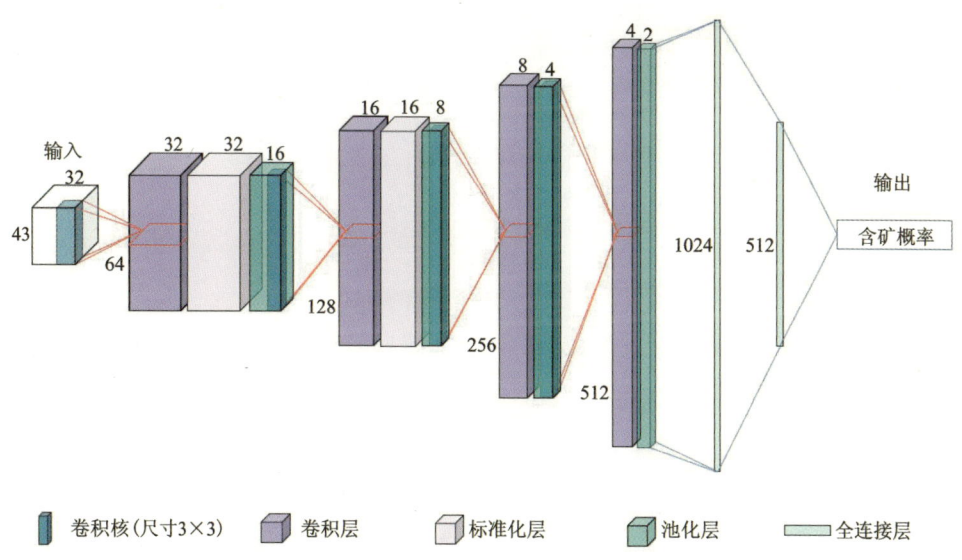

图 5.1 卷积神经网络基本结构(LeCun and Bengio,1995)

卷积层也称特征提取层,由多个特征图(feature map)组成,每个特征图由多个神经元组成,每一个神经元通过卷积核(kernel)与上层特征图的局部区域相连(图5.2)。输入数据与卷积核之间进行点积运算,可以提取不同的特征图,浅层的卷积层提取到一些低级的边缘特征,深层的卷积层能够从低级特征中不断学习提取更复杂、抽象的特征。

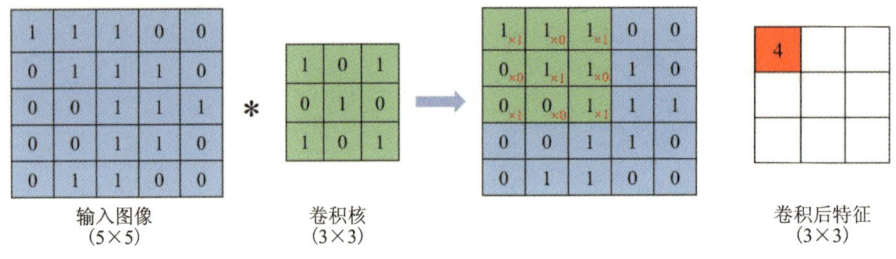

图 5.2 卷积操作示意图

池化层紧跟在卷积层之后,主要作用是进一步提取重要特征,去除冗余特征,压缩数据和参数的数量,减小过拟合。池化层旨在通过降低特征图的分辨率来获得具有空间不变性的特征,使输出特征图的数量不变,但是特征图的尺寸会变小,可以有效减少计算复杂度且对微小位移变化具有鲁棒性。池化层包括最大池化和平均池化等操作(图 5.3),最大池化操作是选取滑动窗口内特征的最大值,而平均池化操作是选取滑动窗口内所有特征的平均值。两种操作各有优势,平均池化更多地保留图像背景信息,而最大值池化更多地保留纹理信息。

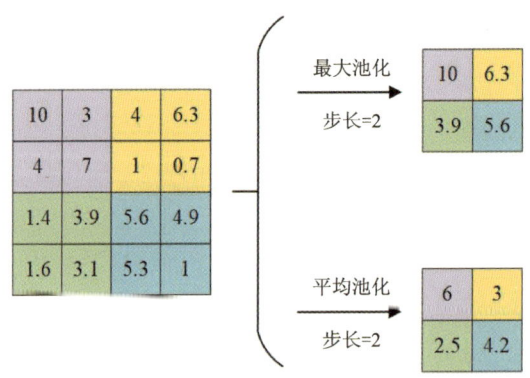

图 5.3 池化操作示意图

输入数据经多个卷积层和池化层后,提取到的多个特征图与 1 个或 1 个以上的全连接层相连接。全连接层中的每个神经元与其前一层的所有神经元进行连接,如图 5.4 所示。全连接层可以整合卷积层或者池化层中具有类别区分性的局部信息,有助于增强网络的非线性映射能力并且限制网络规模的大小,最终通过特定的激活函数实现对输入数据的分类与预测。

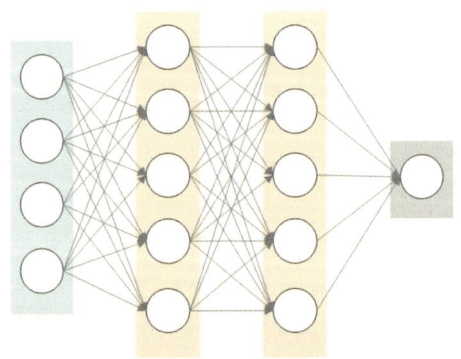

图 5.4 全连接层示意图

卷积神经网络的训练过程分为两个阶段：第一阶段是上述提及的前向传播阶段，数据通过卷积层、池化层等操作由浅层向深层传播；第二阶段是反向传播阶段，通过对比前向传播得到的预测结果与真实结果，将误差由深层向浅层进行传播训练，更新各层的权重，使得误差降低，模型收敛，获得最优预测结果。

5.2 样本制作

矿产资源潜力评价中输入层为多通道数据，通常为 $m\times m\times c$（m 为窗口大小，c 为通道数）的三维矩阵。根据构建的证据图层、正负样本数据，需要制作适合输入卷积神经网络模型的样本。为了表征数据的空间结构，卷积神经网络一般采用滑动窗口技术，以每个栅格为中心，选择窗口尺寸为 m，生成若干个 $[m,m,c]$ 大小的具有空间特征的训练样本，并以中心点类别标注训练样本。如图 5.5 所示，以矿点与非矿点所在网格坐标为中心，根据窗口大小尺寸（3×3）获取正负样本的像素块。

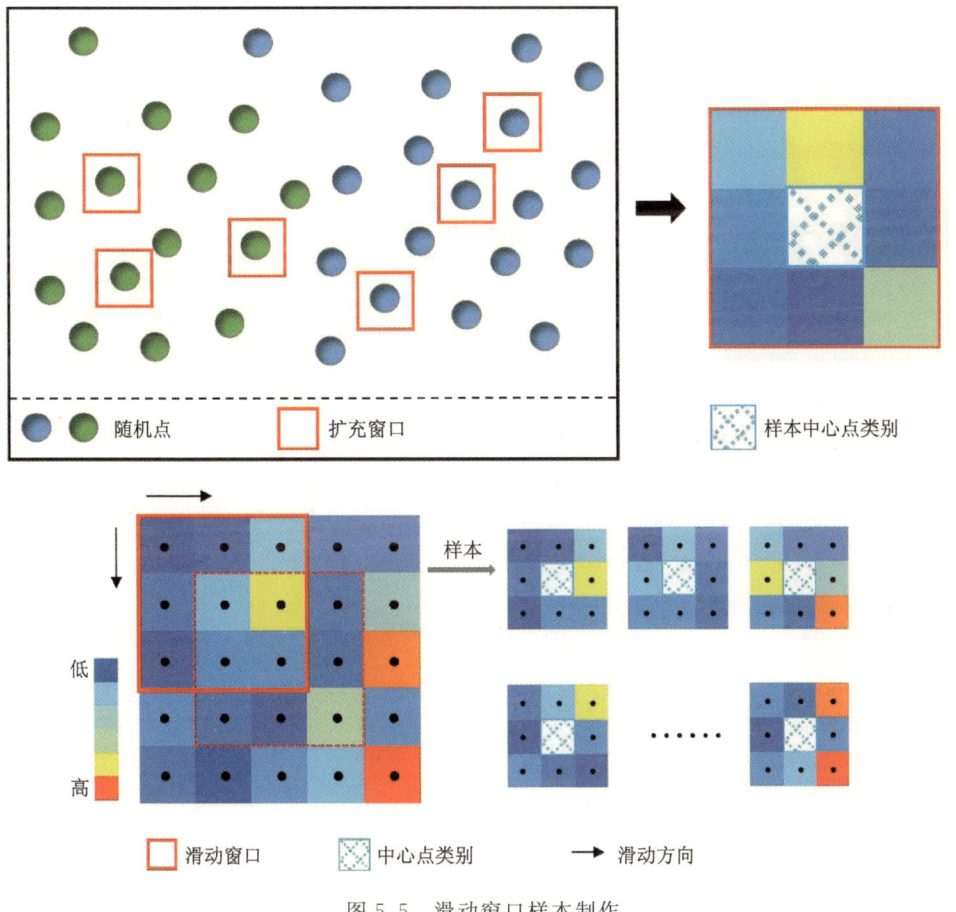

图 5.5 滑动窗口样本制作

按照上述样本制作思路制作本案例使用的样本集,详细步骤如下。

1)读取证据图层

▶ 将39个地球化学证据图层与3个成矿地质要素证据图层整合为[151,169,42]尺寸的三维数组,栅格大小为151×169,数据通道数为42(代码见附录4)。

```python
import cv2 as cv
import numpy as np
import os

def read_data():
    Geochemical_files = os.listdir('./data/Geochemical_data') #读取地球化学图层文件名
    Geochemical_list = []
    for Geochemical_file in Geochemical_files:
        Geochemical_file_path = os.path.join('./data/Geochemical_data', Geochemical_file)
        element_array = cv.imread(Geochemical_file_path, 2)
        element_array = element_array.reshape(element_array.shape[0],element_array.shape[1],1)
        Geochemical_list.append(element_array)
    Geochemical_array = np.concatenate(Geochemical_list, axis=-1)
    Geological_files = os.listdir('./data/Geological_data') #读取地质要素图层文件名
    Geological_list = []
    for Geological_file in Geological_files:
        Geological_file_path = os.path.join('./data/Geological_data', Geological_file)
        feature_array = cv.imread(Geological_file_path, 2)
        feature_array = feature_array.reshape(feature_array.shape[0], feature_array.shape[1], 1)
        Geological_list.append(feature_array)
    Geological_array = np.concatenate(Geological_list, axis=-1)
    all_array = np.concatenate((Geochemical_array,Geological_array),axis=-1)
    #合并地球化学和地质要素证据图层
    return Geochemical_array, Geological_array, all_array
```

2)正负样本标签制作

▶ 读取正样本(Fe_deposits.tif)与负样本栅格图像(non_deposits.tif),获取正样本(标记为1)和负样本(标记为0)的坐标(代码见附录4)。

```
label1 = cv.imread('./data/Fe_deposits.tif',2) #读取正样本栅格图层
label0 = cv.imread('./data/non_deposits.tif',2) #读取负样本栅格图层
label1_copy = label1.copy()
label0_copy = label0.copy()
label1_coordinate = np.where(label1 ==1) #正样本坐标
label0_coordinate = np.where(label0 ==0) #负样本坐标
```

➢ 设置窗口大小为9,以每个样本为中心提取9×9尺寸的样本数据,获得正样本19个,负样本19个,共38个样本,每个样本的尺寸为[9,9,42]。

```
window_size = 9 #窗口大小
all_channel = 42
```

➢ 新建名为sample的文件夹保存正负样本,包含名为"0"和"1"的两个子文件夹。子文件夹0中存放负样本,子文件夹1中存放正样本,文件类型为.npy。

```
if not os.path.exists('./data/sample/1'):
    os.makedirs('./data/sample/1') #新建子文件夹存放正样本
    os.makedirs('./data/sample/0') #新建子文件夹存放负样本
else:
    print('the file exists')
```

➢ 导出正、负样本到对应的子文件夹(图5.6)。

```
count = 0
for i in range(len(label1_coordinate[0])):
    np.save('./data/sample/1/%d'%count,all_array[label1_coordinate[0][i]-
        math.floor(window_size/2):label1_coordinate[0][i]+(math.floor(window_size/2)+1),
        label1_coordinate[1][i]-math.floor(window_size/2):label1_coordinate[1][i]+
        (math.floor(window_size/2)+1),:])
    np.save('./data/sample/0/%d'%count,all_array[label0_coordinate[0][i]-
        math.floor(window_size/2):label0_coordinate[0][i]+(math.floor(window_size/2)+1),
        label0_coordinate[1][i]-math.floor(window_size/2):label0_coordinate[1][i]+
        (math.floor(window_size/2)+1),:])
    count = count+1
```

0	2023/8/17 11:10	NPY 文件	27 KB
1	2023/8/17 11:10	NPY 文件	27 KB
2	2023/8/17 11:10	NPY 文件	27 KB
3	2023/8/17 11:10	NPY 文件	27 KB
4	2023/8/17 11:10	NPY 文件	27 KB
5	2023/8/17 11:10	NPY 文件	27 KB
6	2023/8/17 11:10	NPY 文件	27 KB
7	2023/8/17 11:10	NPY 文件	27 KB
8	2023/8/17 11:10	NPY 文件	27 KB
9	2023/8/17 11:10	NPY 文件	27 KB
10	2023/8/17 11:10	NPY 文件	27 KB
11	2023/8/17 11:10	NPY 文件	27 KB
12	2023/8/17 11:10	NPY 文件	27 KB
13	2023/8/17 11:10	NPY 文件	27 KB
14	2023/8/17 11:10	NPY 文件	27 KB
15	2023/8/17 11:10	NPY 文件	27 KB
16	2023/8/17 11:10	NPY 文件	27 KB
17	2023/8/17 11:10	NPY 文件	27 KB
18	2023/8/17 11:10	NPY 文件	27 KB

图 5.6　负样本子文件夹

3）样本扩增

成矿作用属于稀有地质事件,矿床点的数量有限,往往不足以支撑深度学习模型的训练。本案例中正样本仅有 19 个,需要采用数据增强方法扩充训练样本量。样本扩增主要流程如下(代码见附录 4)。

- 以正样本或负样本为中心,向四周扩充 $n \times n$ 的像素块(本案例中 $n=3$)。
- 裁剪每个样本生成 n^2 个不重复的子样本,如图 5.7 所示,依次完成窗口大小为 9,增强尺寸为 3×3 的正、负样本数据增强。

```
augument_size = 3 #数据增强尺寸
for i in range(len(label1_coordinate[0])):
    label1_copy[label1_coordinate[0][i]-
        math.floor(augument_size/2):label1_coordinate[0][i]+(math.floor(augument_size/2)+1),
        label1_coordinate[1][i]-math.floor(augument_size/2):label1_coordinate[1][i]+
        (math.floor(augument_size/2)+1)] = np.ones((augument_size,augument_size))
    label0_copy[label0_coordinate[0][i]-
        math.floor(augument_size/2):label0_coordinate[0][i]+(math.floor(augument_size/2)+1),
        label0_coordinate[1][i]-math.floor(augument_size/2):label0_coordinate[1][i]+
        (math.floor(augument_size/2)+1)] = np.zeros((augument_size,augument_size))
```

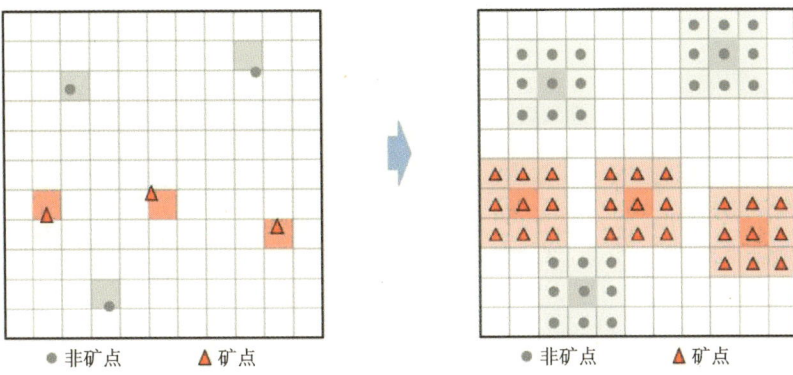

图 5.7 数据增强示意图

➤ 新建 train_extend 与 valid_extend 文件夹，每个文件夹下新建 0 与 1 两个子文件夹，保存数据扩增后的训练集正、负样本与验证集正、负样本，文件类型为 .npy。

```
if not os.path.exists('./data/train_extend'):
    os.makedirs('./data/train_extend/1')  #新建子文件夹存放扩增后的训练集正负样本
    os.makedirs('./data/train_extend/0')
if not os.path.exists('./data/valid_extend'):
    os.makedirs('./data/valid_extend/1')  #新建子文件夹存放扩增后的验证集正负样本
    os.makedirs('./data/valid_extend/0')
```

➤ 导出扩增后的正、负样本到对应的子文件夹(图 5.8)。

```
index1_expend = np.argwhere(label1_copy == 1)
index0_expend = np.argwhere(label0_copy == 0)
for num_expend in range(len(index1_expend)):
    np.save('./data/train_extend/1/%d'%(num_expend),
        all_array[index1_expend[num_expend][0]-math.floor(window_size/2) :
            index1_expend[num_expend][0]+math.floor(window_size/2)+1,
            index1_expend[num_expend][1]-math.floor(window_size/2) :
            index1_expend[num_expend][1]+math.floor(window_size/2)+1,:])
    np.save('./data/train_extend/0/%d'%(num_expend),
        all_array[index0_expend[num_expend][0]-math.floor(window_size/2) :
            index0_expend[num_expend][0]+math.floor(window_size/2)+1,
            index0_expend[num_expend][1]-math.floor(window_size/2) :
            index0_expend[num_expend][1]+math.floor(window_size/2)+1,:])
```

```
 0    2023/8/17 11:10   NPY 文件   27 KB
 1    2023/8/17 11:10   NPY 文件   27 KB
 2    2023/8/17 11:10   NPY 文件   27 KB
 3    2023/8/17 11:10   NPY 文件   27 KB
 7    2023/8/17 11:10   NPY 文件   27 KB
 8    2023/8/17 11:10   NPY 文件   27 KB
 9    2023/8/17 11:10   NPY 文件   27 KB
10    2023/8/17 11:10   NPY 文件   27 KB
11    2023/8/17 11:10   NPY 文件   27 KB
13    2023/8/17 11:10   NPY 文件   27 KB
14    2023/8/17 11:10   NPY 文件   27 KB
15    2023/8/17 11:10   NPY 文件   27 KB
16    2023/8/17 11:10   NPY 文件   27 KB
17    2023/8/17 11:10   NPY 文件   27 KB
18    2023/8/17 11:10   NPY 文件   27 KB
19    2023/8/17 11:10   NPY 文件   27 KB
20    2023/8/17 11:10   NPY 文件   27 KB
22    2023/8/17 11:10   NPY 文件   27 KB
24    2023/8/17 11:10   NPY 文件   27 KB
27    2023/8/17 11:10   NPY 文件   27 KB
29    2023/8/17 11:10   NPY 文件   27 KB
30    2023/8/17 11:10   NPY 文件   27 KB
31    2023/8/17 11:10   NPY 文件   27 KB
33    2023/8/17 11:10   NPY 文件   27 KB
34    2023/8/17 11:10   NPY 文件   27 KB
35    2023/8/17 11:10   NPY 文件   27 KB
36    2023/8/17 11:10   NPY 文件   27 KB
37    2023/8/17 11:10   NPY 文件   27 KB
38    2023/8/17 11:10   NPY 文件   27 KB
39    2023/8/17 11:10   NPY 文件   27 KB
40    2023/8/17 11:10   NPY 文件   27 KB
41    2023/8/17 11:10   NPY 文件   27 KB
42    2023/8/17 11:10   NPY 文件   27 KB
43    2023/8/17 11:10   NPY 文件   27 KB
44    2023/8/17 11:10   NPY 文件   27 KB
45    2023/8/17 11:10   NPY 文件   27 KB
46    2023/8/17 11:10   NPY 文件   27 KB
47    2023/8/17 11:10   NPY 文件   27 KB
48    2023/8/17 11:10   NPY 文件   27 KB
49    2023/8/17 11:10   NPY 文件   27 KB
50    2023/8/17 11:10   NPY 文件   27 KB
51    2023/8/17 11:10   NPY 文件   27 KB
```

图 5.8　扩增后负样本子文件夹

▶ 按照 8∶2 的比例将扩增后的样本随机分为训练集与验证集，并保存在对应子文件夹中。

```python
def split_dataset(fileDir, tarDir):
    pathDir = os.listdir(fileDir)
    filenumber = len(pathDir)
    print(filenumber)
    rate = 0.2 #分割比例
    picknumber = int(filenumber * rate)
    print(picknumber)
    sample = random.sample(pathDir, picknumber)
    print(sample)
    for name in sample:
        shutil.move(fileDir + name, tarDir + name)
#保存正样本
fileDir = './data/train_extend/1/'
tarDir = './data/valid_extend/1/'
split_dataset(fileDir, tarDir)
#保存负样本
fileDir = './data/train_extend/0/'
tarDir = './data/valid_extend/0/'
split_dataset(fileDir, tarDir)
```

4)训练数据集和验证数据集制作

将扩增后的文件进行整合,制作训练数据集和验证数据集(代码见附录4),分别为 train_data.npy(训练数据集)、train_labels.npy(训练数据集标签)、valid_data.npy(验证数据集)、valid_labels.npy(验证数据集标签)(图5.9)。

```
train_data = []
train_label = []
path_train = './data/train_extend'
path_train1 = glob.glob(os.path.join(path_train, "*/*.npy"))
for path in path_train1:
    a = np.load(path)
    b = a.reshape(1,window_size,window_size,all_channel)
    train_data.append(b)
    train_label.append(path.split("\\")[-2])
train_data_array = np.concatenate(train_data, axis=0)
print(train_data_array.shape[0])
train_label_array = pd.factorize(train_label)[0]
print(train_label_array.shape[0])
np.save('train_data.npy',train_data_array) #保存训练数据集
np.save("train_labels.npy", train_label_array) #保存训练数据集标签
valid_data = []
valid_label = []
path_val = './data/valid_extend'
path_val1 = glob.glob(os.path.join(path_val, "*/*.npy"))
for path in path_val1:
    a = np.load(path)
    b = a.reshape(1,window_size,window_size,all_channel)
    valid_data.append(b)
    valid_label.append(path.split("\\")[-2])
valid_data_array = np.concatenate(valid_data, axis=0)
valid_label_array = pd.factorize(valid_label)[0]
np.save('valid_data.npy',valid_data_array) #保存验证数据集
np.save("valid_labels.npy", valid_label_array) #保存验证数据集标签
```

名称	修改日期	类型	大小
train_data	2023/8/17 11:10	NPY 文件	6,964 KB
train_labels	2023/8/17 11:10	NPY 文件	3 KB
valid_data	2023/8/17 11:10	NPY 文件	6,406 KB
valid_labels	2023/8/17 11:10	NPY 文件	3 KB

图5.9 训练数据集及标签和验证数据集及标签

5.3 模型输入

模型输入为 4 部分,分别为训练数据集、训练数据集标签、验证数据集、验证数据集标签。训练数据集与验证数据集为 2 个四维数组,尺寸为 $[n, m, m, c]$,其中 n 为样本个数,m 为样本窗口大小,c 为通道数。本案例窗口大小为 9,通道数为 42。数据扩增后训练样本个数共 262 个,验证集共 64 个。

1)调用工具包(附录 5)

```
import pandas as pd
import tensorflow as tf
import os.path
import matplotlib.pyplot as plt
from tensorflow.keras import Sequential
from tensorflow.keras.layers import Conv2D, MaxPooling2D, Dropout, Flatten, Dense, BatchNormalization
import numpy as np
os.environ['CUDA_DEVICE_ORDER']='PCI_BUS_ID'  #调用GPU加速
os.environ['CUDA_VISIBLE_DEVICES']='1'
```

2)读取训练集及标签、验证集及标签

```
train_data = np.load("train_data.npy")       #读取训练集
train_labels = np.load("train_labels.npy")   #读取训练集标签
valid_data = np.load("valid_data.npy")       #读取验证集
valid_labels = np.load("valid_labels.npy")   #读取验证集标签
```

5.4 模型结构及参数

卷积神经网络中参数众多,主要包括运行超参数和结构超参数。运行超参数包括学习率、优化器类型、批处理大小、迭代次数等,主要影响模型收敛程度和训练效率。结构超参数包括隐含层层数、卷积核尺寸、卷积核步长、池化方式、池化步长、激活函数类型等,主要影响模型训练精度。

1)优化器(optimizer)

卷积神经网络在训练过程中的任务是最小化损失,即真实值与预测值差值最小化,这个任务往往由优化器承担,在 TensorFlow 框架中集成了多种常用的优化器,包括随机梯度下降

(stochastic gradient descent，SGD)算法、动量(momentum)算法、均方根传递(root mean square propagation，RMSprop)算法以及自适应矩估计(adaptive moment estimation，Adam)算法等。在本案例中使用自适应矩估计算法作为优化器。

```
optimizer=tf.keras.optimizers.Adam(lr=0.00001),  #优化器类型和学习率
loss='binary_crossentropy',  #损失函数类型
metrics=['acc'])  #定量评价指标
```

2) 学习率(learning rate)

学习率主要控制梯度下降的速度，决定了权重迭代的步长。学习率过大则模型不收敛，过小则模型收敛速度会变慢，使得模型陷入局部最优解。在模型训练过程中，可以先设置一个较大的学习率(如0.01)进行实验，观察模型收敛情况，逐渐降低学习率，使得验证集损失值及准确率收敛稳定。

3) 批处理大小(batch size)

批处理是指在数据输入时，将部分数据作为一个整体输入网络进行模型训练的过程。当数据量较小时，批处理大小可以设置较小，模型收敛效果会更好。当数据量较大时，批处理大小应设置较大，否则可能会导致一个批次中数据对总体样本的代表性不足，模型不能得到充分训练。因此批处理大小需要依据总体样本的数量进行调整。

```
batch_size=64,  #批处理大小
epochs=100,  #迭代次数
shuffle=True,
validation_data=(valid_data,valid_labels),verbose=2)
```

4) 迭代次数(epoch)

一次迭代表示卷积神经网络通过一次前向传播和一次反向传播完成所有训练样本的训练迭代。迭代次数的选择通常需要观察模型的收敛情况，当模型的损失值下降到一定程度不再下降以及模型的精度提升到一定程度不再提升，模型稳定收敛后可停止迭代。

5) 卷积层数量

卷积层主要用于提取输入数据的空间特征，浅层的卷积操作往往提取低级特征，深层的卷积操作往往提取高级特征。理论上卷积层的数量越多，提取的空间特征就越复杂抽象，但是可能造成过拟合等问题。通常情况下，卷积层的层数需要依据实际情况进行调整。本案例使用的CNN模型结构中共设置2层卷积层。

6) 卷积核尺寸

卷积核也称滤波器(filter)，是空间特征提取的主要工具，其尺寸决定了输入特征图上的感受野大小，其个数决定了提取特征图的数量。进行卷积操作时，感受野在原特征图上每次滑动一个步长，得到滤波后的特征图，滤波后的特征图大小取决于填充(padding)方式。常用

的填充方式包括两种：same padding 与 valid padding。same padding 使用 0 进行填充，允许卷积核超出原特征图边界，并使得卷积后结果的大小与原来的一致。valid padding 不进行填充，不允许卷积核超出原特征图边界，卷积后特征图尺寸变小。本案例使用的 CNN 模型结构中卷积核尺寸设置为 3×3。

```
model.add(Conv2D(64, (3, 3), padding='same',activation='relu', input_shape=
                 (window_size,window_size,all_channel)))  #卷积核尺寸，填充方式，激活函数
```

7）池化层

池化层的作用是进一步提取空间特征，减小特征图的尺寸，压缩数据量，其主要参数包括池化方式、池化核尺寸（pool_size）、池化步长等。池化主要包括两种类型：最大池化（MaxPooling2D）和平均池化（AveragePooling2D）。本案例使用的 CNN 模型结构采用最大池化方式，池化核尺寸设置为 2×2。

```
model.add(MaxPooling2D(pool_size=(2, 2)))  #池化方式及池化核尺寸
```

8）正则化项

正则化项的主要作用是将数据约束在一定的范围内，一定程度上解决过拟合问题，并利于网络进行学习，从而加快训练过程。正则化项包括 L1 正则化、L2 正则化与标准化等过程。正则化项一般添加在卷积层的起始部分，本案例使用的 CNN 模型结构采用批标准化正则化项（BatchNormalization）。

```
model.add(BatchNormalization())  #正则化项
```

9）全连接层

全连接层（Dense）的作用是将卷积池化操作后的特征图进行整合，其主要参数是层数与神经元的个数。全连接层数与神经元个数不宜过多，否则容易造成过拟合。为了增强模型的泛化能力，通常加入失活（Dropout）层。本案例使用的 CNN 模型结构中共设置 2 层全连接层，失活率为 0.5。

```
model.add(Dense(512, activation='relu'))  #全连接层
model.add(Dropout(0.5))  #失活层
model.add(Dense(1,activation='sigmoid'))
```

10）激活函数（activation function）

激活函数的作用是向模型中加入非线性过程，解决线性模型表达能力不足的缺陷，通常

在卷积层和全连接层之后。常见的激活函数类型包括线性整流函数（rectified linear unit，ReLU）、S 型函数（sigmoid）和双曲正切函数（tanh）等。本案例使用的 CNN 模型结构使用 ReLU 作为激活函数。

综上，本案例使用的 CNN 模型结构如图 5.10 所示。

```
window_size = 9 #窗口大小
all_channel = 42 #通道数
model = Sequential()
model.add(Conv2D(64, (3, 3), padding='same',activation='relu', input_shape=
    (window_size,window_size,all_channel))) #卷积核尺寸，填充方式，激活函数
model.add(BatchNormalization()) #正则化项
model.add(MaxPooling2D(pool_size=(2, 2))) #池化方式及池化核尺寸
model.add(Conv2D(128, (3, 3),padding='same',activation='relu'))
model.add(BatchNormalization())
model.add(MaxPooling2D(pool_size=(2, 2)))
model.add(Flatten())
model.add(Dense(512, activation='relu')) #全连接层
model.add(Dropout(0.5)) #失活层
model.add(Dense(1,activation='sigmoid'))
model.summary()
```

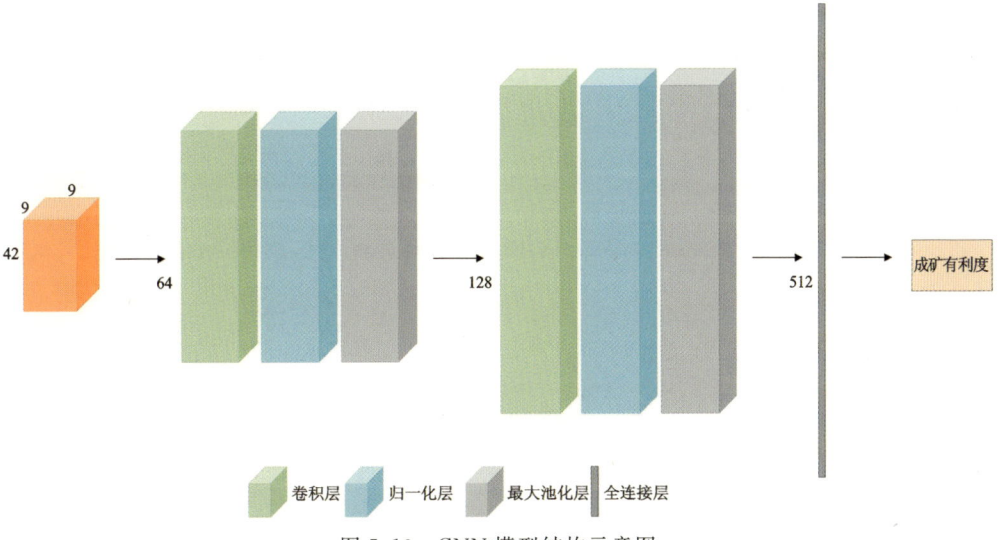

图 5.10　CNN 模型结构示意图

5.5 模型训练及输出

1) 模型训练

完成模型搭建及参数设置后，运行基于卷积神经网络的矿产资源潜力评价代码(附录5)进行模型训练，训练过程中会实时输出每次迭代过程中训练集与验证集的损失值(loss)和准确率(accuracy)(图5.11)。观察损失值和准确率随迭代次数的变化，当损失值和准确率均稳定收敛时，表明模型训练成功(图5.12)。

```
model.compile(
    optimizer=tf.keras.optimizers.Adam(lr=0.00001),  #优化器类型、学习率
    loss='binary_crossentropy',  #损失函数类型
    metrics=['acc'])
history = model.fit(
    train_data,
    train_labels,
    epochs=100,          #迭代次数
    batch_size=64,       #批处理大小
    shuffle=True,
    validation_data=(valid_data,valid_labels),verbose=2)
```

```
Epoch 10/100
640/640 - 1s - loss: 0.1471 - acc: 0.9734 - val_loss: 0.4003 - val_acc: 0.6667
Epoch 11/100
640/640 - 1s - loss: 0.1163 - acc: 0.9891 - val_loss: 0.3090 - val_acc: 0.8333
Epoch 12/100
640/640 - 1s - loss: 0.1016 - acc: 0.9875 - val_loss: 0.2480 - val_acc: 1.0000
Epoch 13/100
640/640 - 1s - loss: 0.0892 - acc: 0.9922 - val_loss: 0.1892 - val_acc: 1.0000
Epoch 14/100
640/640 - 1s - loss: 0.0748 - acc: 0.9953 - val_loss: 0.1398 - val_acc: 1.0000
```

图 5.11　模型训练过程

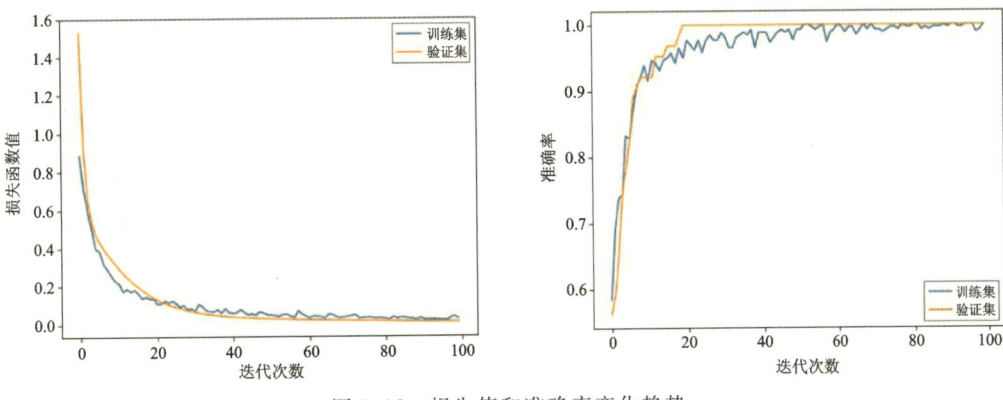

图 5.12　损失值和准确率变化趋势

2）模型预测

读取预测数据文件，调用训练好的模型进行研究案例全区的预测。

```
probability_value = []
for row in range(all_array.shape[0]-(window_size-1)):
    for col in range(all_array.shape[1]-(window_size-1)):
        value = all_array[row:row+window_size,col:col+window_size,:]
        value = value.reshape(1,window_size,window_size,all_channel)
        output = model.predict_proba(value)    #模型预测
        print(output[0][0])
        probability_value.append(output[0][0])
```

3）预测结果输出

将坐标与预测值保存至 cnn_output.csv 文件中，并输出。

```
XX_result = XX[math.floor(window_size/2):XX.shape[0]-math.floor(window_size/2),
    math.floor(window_size/2):XX.shape[1]-math.floor(window_size/2)]
YY_result = YY[math.floor(window_size/2):YY.shape[0]-math.floor(window_size/2),
    math.floor(window_size/2):YY.shape[1]-math.floor(window_size/2)]
XX_result_list = XX_result.flatten()
YY_result_list = YY_result.flatten()
dataframe =
pd.DataFrame({'XX':XX_result_list,'YY':YY_result_list,'probability':probability_value})
dataframe.to_csv('cnn_output.csv')    #输出预测结果
```

4）预测结果可视化

将输出的预测结果（cnn_output.csv）导入 ArcGIS 中进行可视化显示并制图（图 5.13），

结果可视化流程见 2.1.2 节。

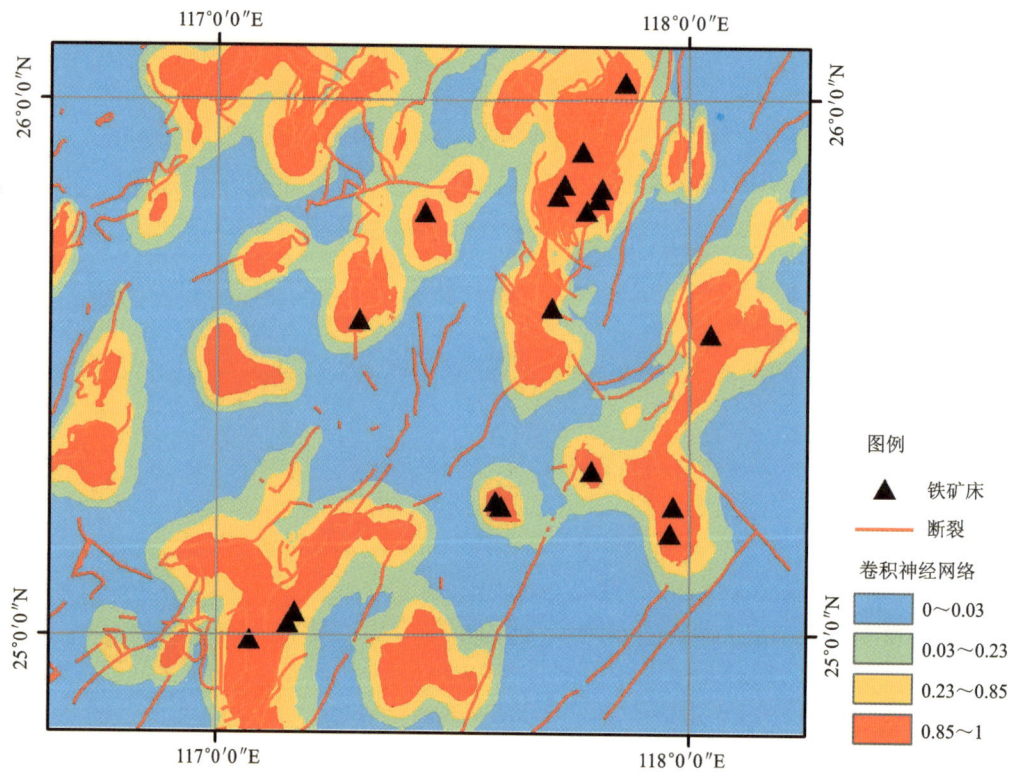

图 5.13 卷积神经网络预测结果

5.6 结果评价

利用 ROC 曲线来评价模型的预测性能(图 5.14)。

1)模型评价

```
label1 = cv.imread('./data/label/Fe_deposits0.tif',2)
label1 = label1[math.floor(window_size/2):label1.shape[0]-
math.floor(window_size/2),math.floor(window_size/2):label1.shape[1]-
math.floor(window_size/2)]
label1 = label1.flatten()
fpr,tpr,threshold = roc_curve(label1,probability_value)
roc_auc = auc(fpr,tpr) #AUC值
```

2）绘制 ROC 曲线

```
plt.figure()
plt.plot([0, 1], [0, 1], 'k--')
plt.plot(fpr, tpr, label='AUC=({:.3f})'.format(roc_auc))
plt.legend(loc='best',prop={"family": "Times New Roman", "size": 12})
plt.show()
```

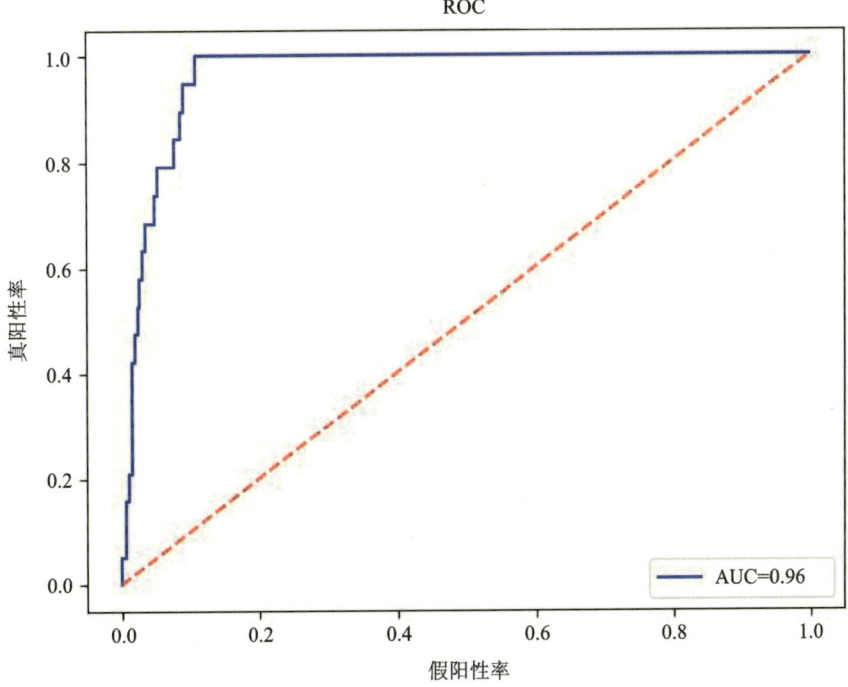

图 5.14 ROC 曲线评价卷积神经网络模型

第6章 ArcMPM 基本操作

6.1 软件介绍

AI 驱动的矿产资源潜力评价系统（ArcEngine-based software for mineral prospectivity mapping via artificial intelligence algorithms，ArcMPM）是借助 ArcEngine10.2、Winform、C♯语言以及 Python 语言开发的一款软件，主要功能包括训练样本制作、模型搭建、模型训练、基于随机森林的矿产潜力评价以及基于卷积神经网络的矿产潜力评价等。

6.2 安装与卸载

6.2.1 软件运行条件

本软件为基于 ArcEngine 二次开发的应用程序，运行环境的操作系统为 Windows 7 及以上版本的系统。另外，需要安装不低于 ArcGIS 10.2 for Desktop 版本的 License。

6.2.2 软件安装过程

（1）首先打开软件安装包 ArcMPM.msi（图 6.1），根据安装向导界面，点击【下一步(N)】（图 6.2）。

图 6.1 安装包

（2）选择安装文件夹，完成后点击【下一步(N)】（图 6.3）。
（3）随后点击【下一步(N)】继续安装（图 6.4）。
（4）等待软件安装完成关闭即可。
（5）将提前下载的 Python3.7 压缩包解压到 ArcMPM 的安装路径（图 6.5）。
（6）软件安装成功，运行软件 ArcMPM（图 6.6）。

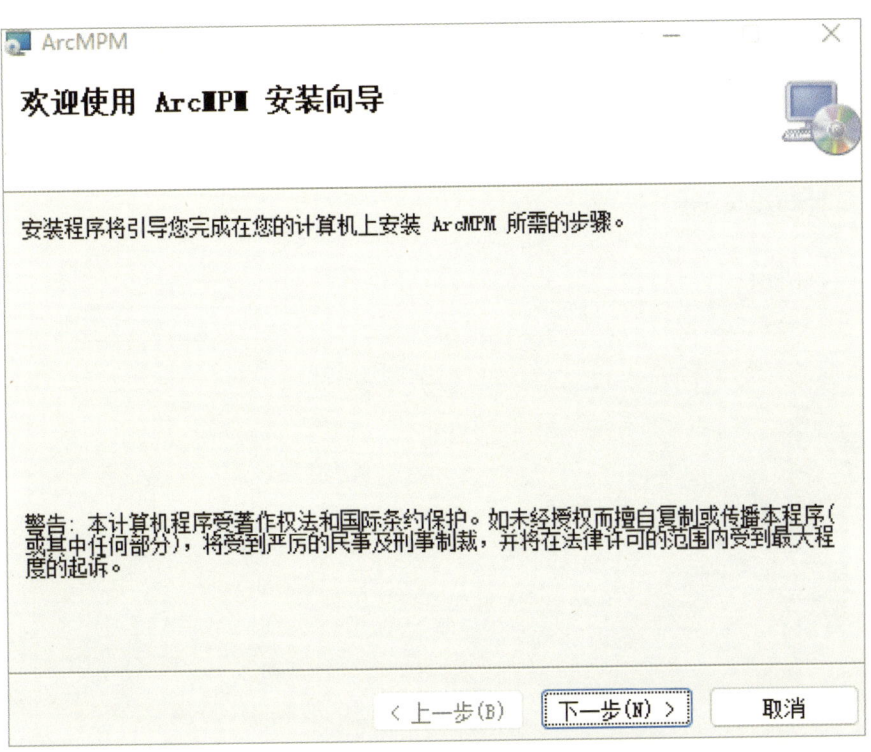

图6.2 安装向导

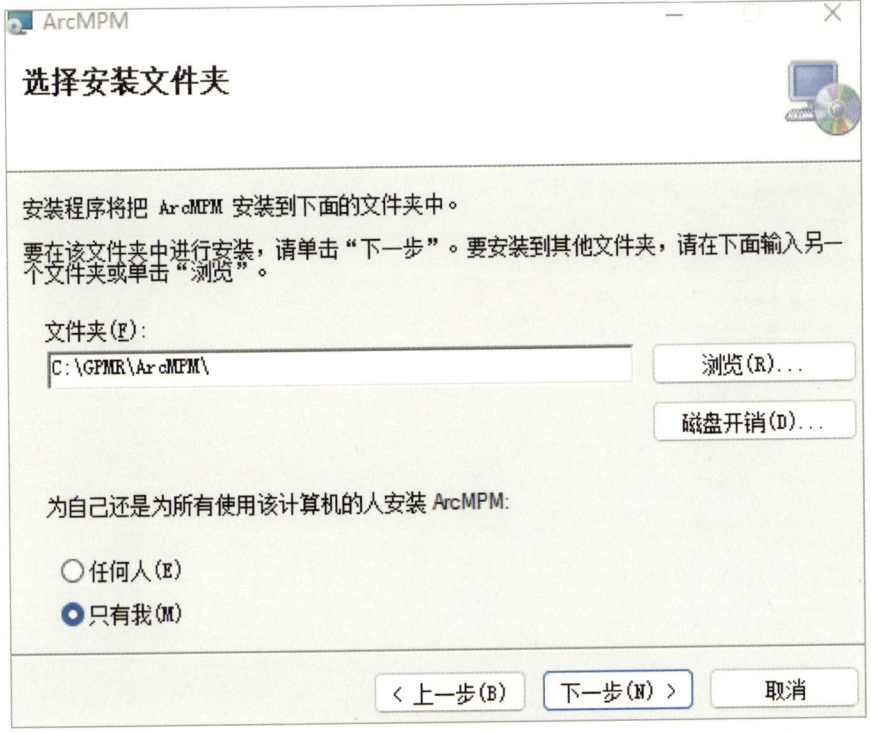

图6.3 选择安装路径

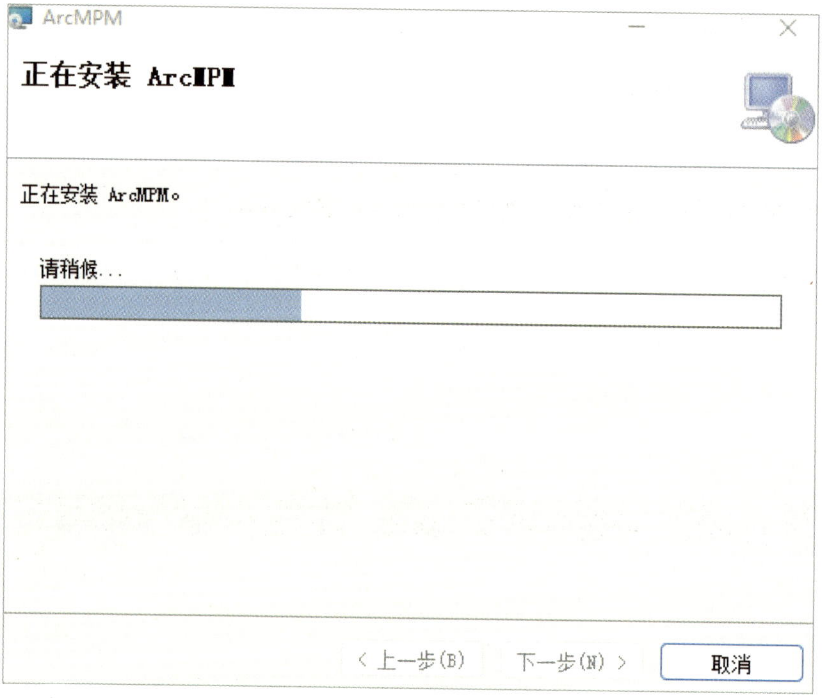

图 6.4 安装进度

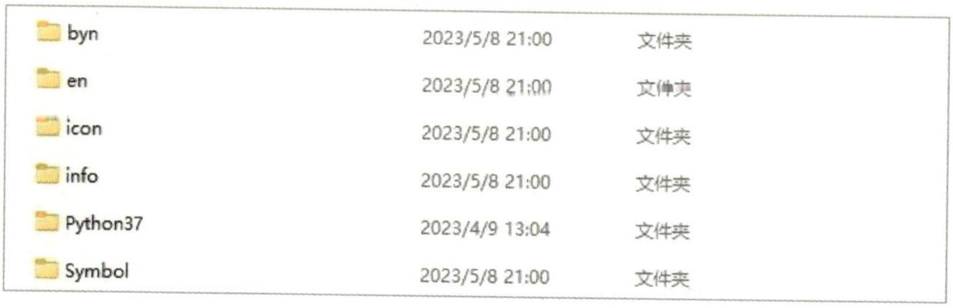

图 6.5 放置 Python3.7 文件

图 6.6 软件界面

6.2.3 软件卸载

再次打开安装包 ArcMPM.msi,选择【删除 ArcMPM(M)】即可开始删除,同时手动删除文件夹中的 Python37 文件夹,即可完全删除(图 6.7)。

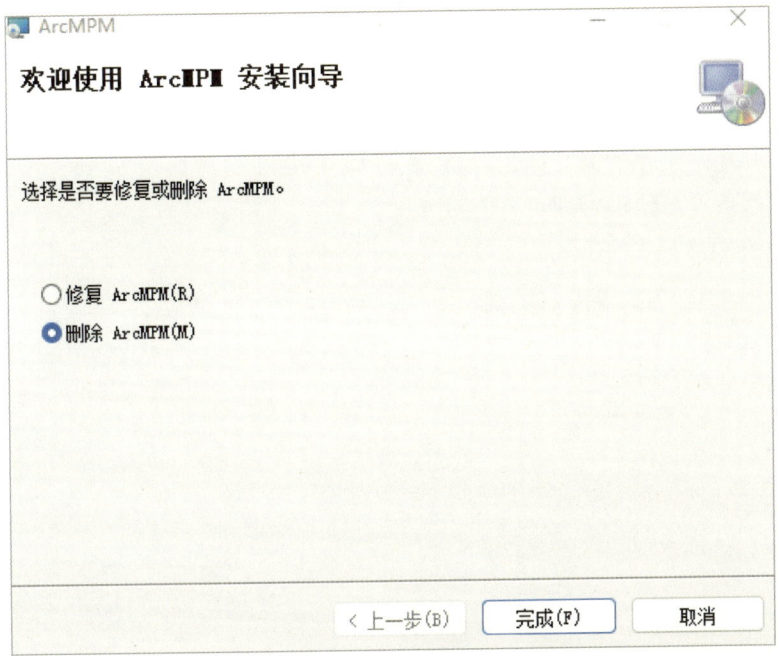

图 6.7 卸载软件

6.3 软件界面

ArcMPM 软件实现了文件、样本制作、矿产资源潜力评价(包括基于随机森林和卷积神经网络的矿产资源潜力评价)、帮助等功能(图 6.8)。

图 6.8 软件界面

6.4 样本制作

1) 加载数据

点击【文件】→【打开 mxd 文件】可选择打开地图文档;点击【文件】→【打开 shp 文件】、【文件】→【打开栅格文件】、【文件】→【打开 Grid 文件】,可以通过这些方式来添加数据;也可以通过  来打开地图文档和添加数据。

在此以打开地图文档为例。点击【文件】→【打开 mxd 文件】(图 6.9)。在弹出的对话框中选择地图文档后点击【打开】即可(图 6.10)。

图 6.9 打开 mxd 文件

图 6.10 打开 mxd 文件结果

2) 负样本制作

点击【样本制作】→【负样本点制作】,弹出负样本制作界面(图 6.11)。

图 6.11　制作负样本——初始界面

➤ 正样本路径:使用已知矿点作为正样本。在本实例中采用 Fe_deposits.shp 为正样本数据,可通过下拉框来添加已经加载入软件中的 shp 文件,也可以通过点击 📁 按钮来选择文件。

➤ 处理范围(栅格数据类型):为整个研究区的研究范围,该数据应包括研究区的边界以及坐标信息,需要使用栅格数据作为该输入。在本实例中采用该研究区证据图层中任意一个即可,可通过下拉框选择已载入软件的栅格数据,也可以通过 📁 按钮来选择文件。

➤ 约束区域:为约束负样本出现的区域,对制作的负样本位置进行限制。在本实例中限制区域为断裂、地层边界、花岗岩边界以及铁矿点。可通过下拉框选择已载入软件的数据,也可以通过 📁 按钮来选择文件。

➤ 约束区域集合:为限制负样本出现的区域的集合。在确定约束区域后,点击【↓】按钮将该限制区域添加入集合,默认负样本出现的位置与限制区域距离为 1000 米;如果要移除集合中某一项,则选择该整行点击【×】按钮将其移除集合;如果要修改与约束区域距离,则点击该行该列的距离,随后输入理想的距离,单位为米(图6.12)。

➢ 负样本输出路径:选择生成的负样本文件的路径,输出的样本文件为 shp 文件。通过点击 📁 来选择文件目录。

图 6.12　制作负样本——添加参数

➢ 生成负样本:生成并输出负样本到指定路径,并将其加载入软件中。所有参数输入完毕后点击【生成负样本】,弹出制作进度条,等待制作完成即可(图 6.13、图 6.14)。

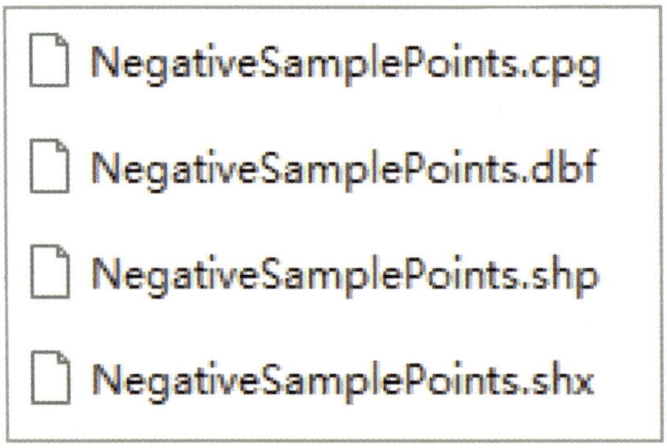

图 6.13　负样本文件

第 6 章 ArcMPM基本操作

图 6.14 生成负样本展示

6.5 矿产资源潜力评价

6.5.1 随机森林

1）加载数据

本步骤操作与负样本制作中加载数据相同，在此不重复。使用 6.4 节中样本制作完成后的数据。

2）随机森林样本制作

点击【矿产资源潜力评价】→【随机森林】→【随机森林样本制作】，弹出窗口如图 6.15 所示。

➤ 正样本图层：使用已知矿点作为正样本。在本实例中采用 Fe_deposits.shp 为正样本数据，可通过下拉框来添加已经加载入软件中的 shp 文件，也可以通过点击 ▭ 按钮来选择文件。

➤ 负样本图层：使用【样本制作】→【负样本制作】中生成的负样本。可通过下拉框直接选择该负样本，也可以通过点击 ▭ 按钮来选择文件。

➤ 证据图层：与控矿要素相关的图层，通常为栅格图层。可通过下拉框来添加已经加载入软件中的栅格文件，也可以通过点击 ▭ 按钮来选择文件。

➤ 证据图层集合：与控矿要素相关的图层的集合。该界面会默认加载软件中已载入的栅格数据作为证据图层进入该列表中，用户也可以通过点击【↓】或【×】来自行加载或删除数据。

图 6.15 随机森林样本制作

➤ 生成数据目录:在选择的目录中生成卷积神经网络所需的数据(推荐使用空的文件夹),可以通过点击 📁 按钮来选择义件目录。

完成参数设置后,点击【样本制作】按钮即可开始制作用于训练随机森林的样本。制作完成后会弹出样本制作完成对话框。

3)随机森林模型训练

点击【矿产资源潜力评价】→【随机森林】→【随机森林模型训练】,弹出窗口如图 6.16 所示。

➤ 加载数据集(文件夹):存放随机森林样本制作所生成数据的文件,通过点击 📁 按钮选择文件夹。

➤ 划分训练集验证集:通过下拉框选择训练集测试集划分比例。

➤ 决策树数量:随机森林所建决策树的数量。输入数据类型为整数,用户可自行调节。

➤ 最大深度:树的最大深度。输入数据类型为整数,用户可自行调节。

➤ 最大特征数:每棵树所用到的最大特征数量,通过下拉框选择,或者手动输入大于 0 小于 1 的小数。

➤ 评估标准:本软件提供 gini 和 entropy 两种方式,通过下拉框选择。

➤ 叶子节点的最小样本数:输入数据类型为整数,用户可自行调节。

➤ 节点最少划分样本数量:输入数据类型为整数,用户可自行调节。

➤ 模型输出路径:训练所得模型的输出路径,通过点击 📁 按钮来选择文件。

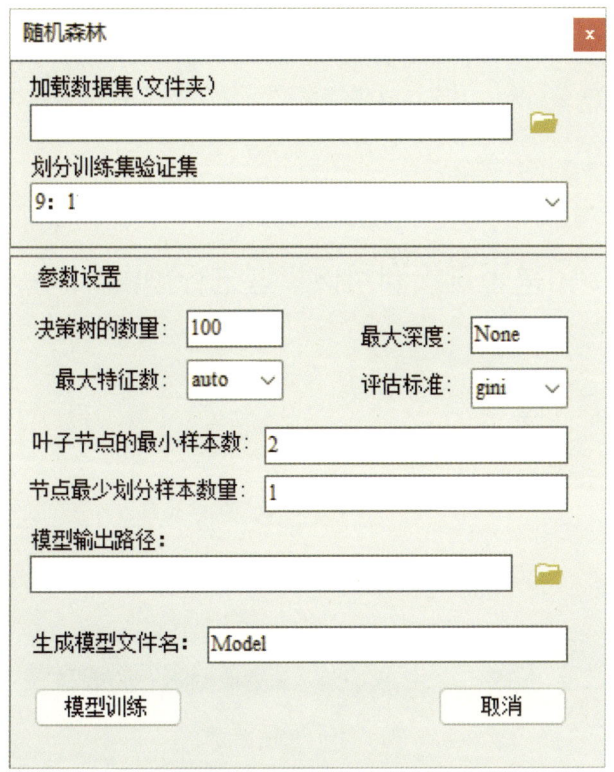

图 6.16 随机森林模型建立

➤ 生成模型文件名：训练所得模型的文件名，可使用默认文件名或用户自行输入。

完成参数设置后，点击【模型训练】按钮即可开始训练。训练完成后弹出 ROC 曲线(图 6.17)。

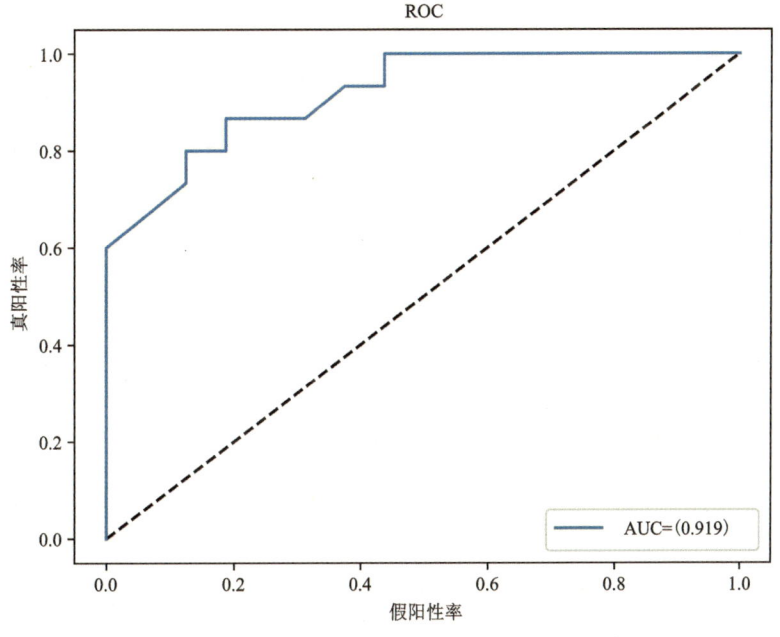

图 6.17 ROC 曲线评价随机森林模型

4）随机森林模型预测

关闭 ROC 曲线后弹出是否直接进行预测的对话框（图 6.18），点击【是】按钮即可直接开始预测并弹出预测进度条（图 6.19）。预测结束之后结果图直接加载到软件中（图 6.20）。

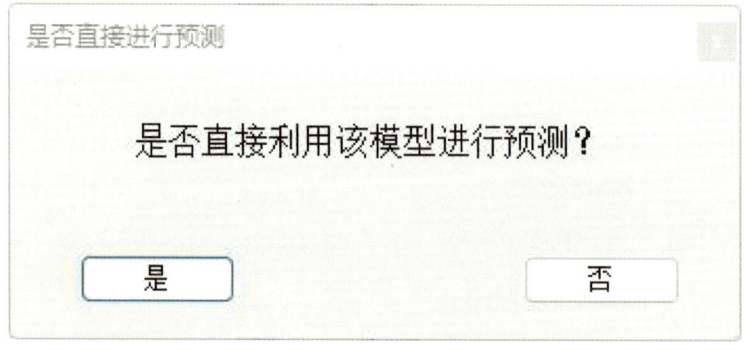

图 6.18　是否直接进行预测界面

图 6.19　预测进度

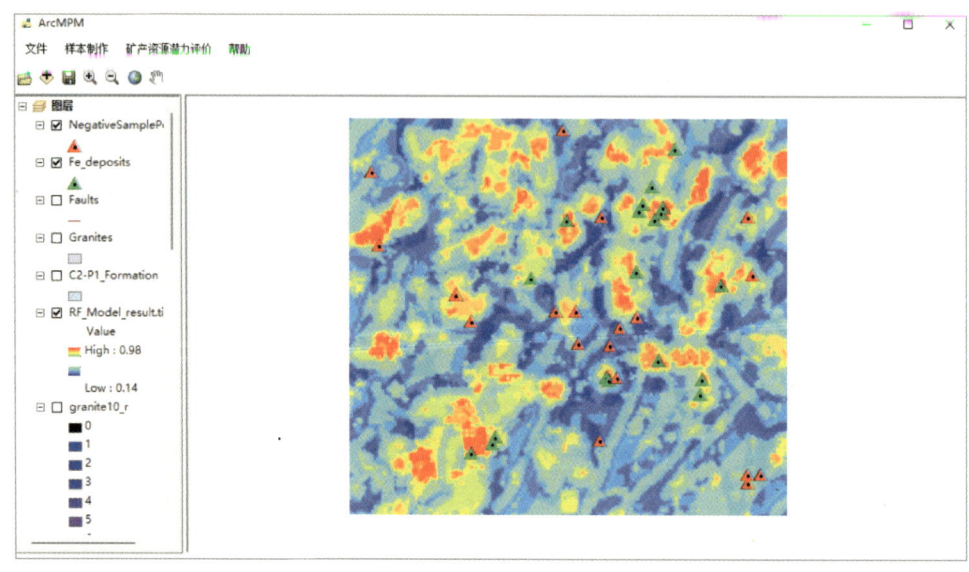

图 6.20　随机森林模型预测结果

5）随机森林模型评价

点击【矿产资源潜力评价】→【随机森林】→【随机森林模型评价】即可对最新的预测结果进行评价。弹出成功率曲线图并存储在数据目录中（图 6.21）。

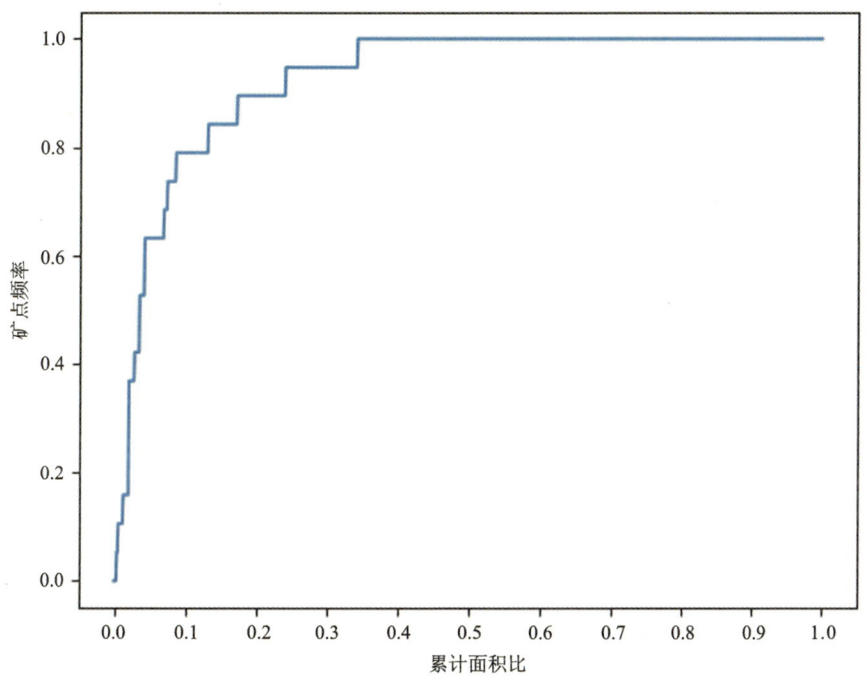

图 6.21　成功率曲线评价随机森林模型

6.5.2　卷积神经网络

1）加载数据

本步骤操作与负样本制作中加载数据相同,在此不重复。在此使用 6.4 节样本制作完成后的数据。

2）卷积神经网络样本制作

打开【矿产资源潜力评价】→【卷积神经网络】→【卷积神经网络样本制作】,打开卷积神经网络样本制作窗口(图 6.22)。

➤ 正样本图层:使用已知矿点作为正样本。在本实例中采用 Fe_deposits.shp 为正样本数据,可通过下拉框添加已经加载入软件中的 shp 文件,也可以通过点击 📁 按钮来选择文件。

➤ 负样本图层:使用【样本制作】→【负样本制作】中生成的负样本,可通过下拉框直接选择该负样本,也可以通过点击 📁 按钮来选择文件。

➤ 证据图层:与控矿要素相关的图层,通常为栅格图层,可通过下拉框来添加已经加载入软件中的栅格文件,也可以通过点击 📁 按钮来选择文件。

➤ 证据图层集合:与控矿要素相关的图层集合。该界面会默认加载软件中已载入的栅格数据作为证据图层进入该列表中,用户也可以通过【↓】或【×】来自行加载或删除数据。

➤ 生成数据目录:在选择的目录中生成卷积神经网络所需的数据(最好使用空的文件

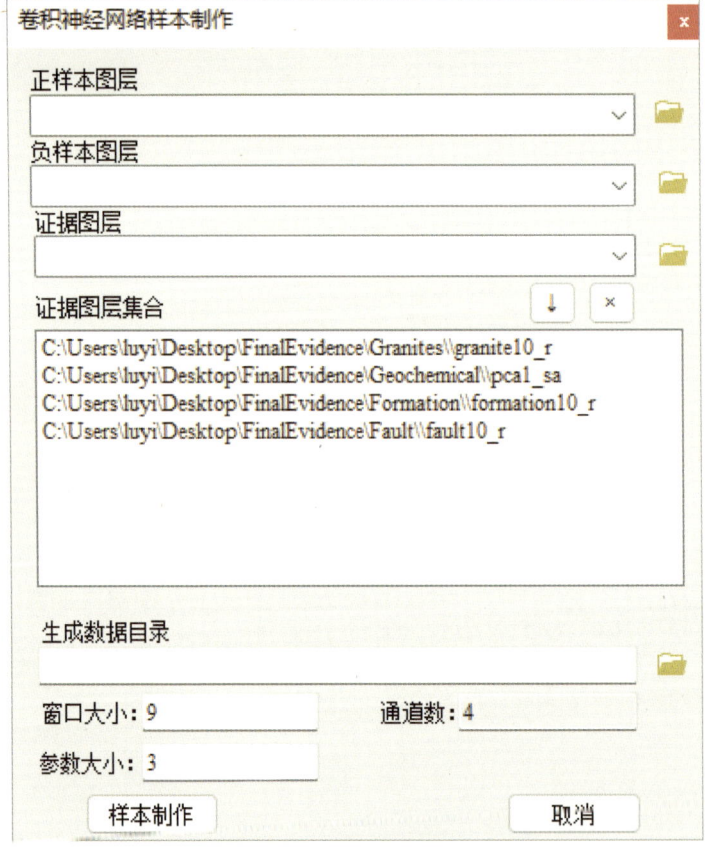

图 6.22 卷积神经网络样本制作——初始界面

夹),可以通过点击 📁 按钮来选择文件目录。

> 窗口大小:卷积神经网络训练过程中所需的窗口大小,输入数据类型应为奇数,用户可自行调节。

> 通道数:证据图层集合的数量,软件自动生成无需输入。

> 参数大小:进行卷积神经网络数据增强的窗口大小,输入数据类型应为奇数,用户可自行调节。

完成参数设置后,点击【样本制作】按钮即可开始制作卷积神经网络的样本。制作完成后会弹出样本制作完成的对话框,以及自动载入正样本、负样本的 tif 文件(图 6.23~图 6.25)。

3)卷积神经网络模型训练

点击【矿产资源潜力评价】→【卷积神经网络】→【卷积神经网络模型训练】,打开卷积神经网络模型训练窗口(图 6.26)。

> 加载数据集(文件名):卷积神经网络样本制作所生成的数据目录,这里需要选择存放数据的文件路径,可通过点击 📁 按钮来选择文件路径。

> 优化器类型:卷积神经网络训练时所选取的优化器类型,软件提供 Adam,SGD,Adagrad 和 RMSprop 共 4 种类型,可通过下拉框选择。

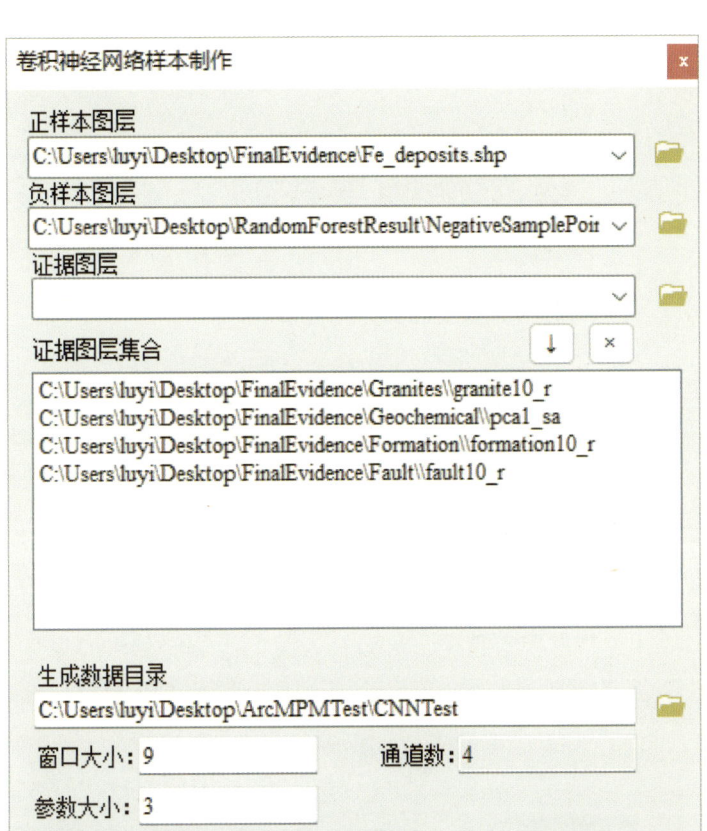

图 6.23 卷积神经网络样本制作——添加参数

图 6.24 卷积神经网络样本制作结果

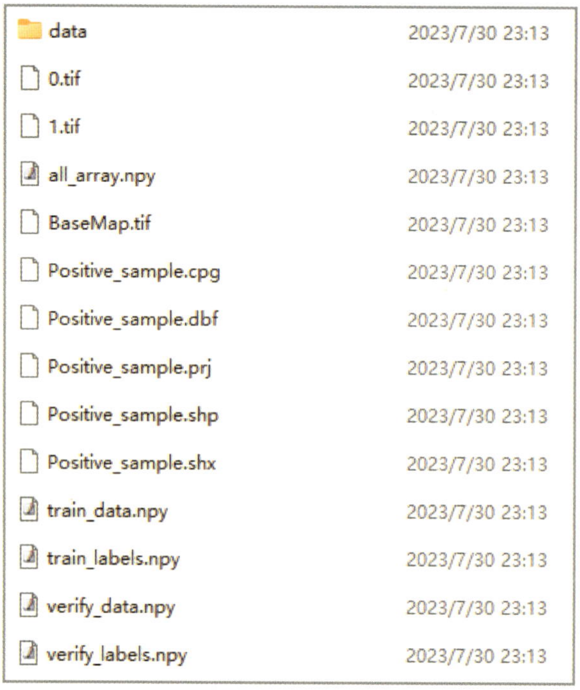

图 6.25　卷积神经网络制作样本存储路径

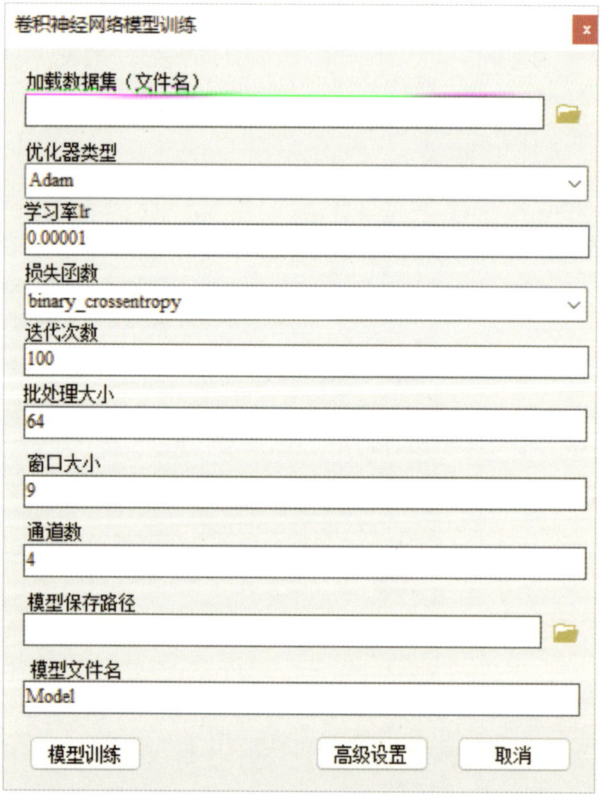

图 6.26　卷积神经网络模型训练

➢ 学习率(Learning rate,lr):运用梯度下降算法进行优化时,在权重的更新规则中,梯度项前会乘以一个系数,这个系数为学习率。输入数据类型为非零小数,用户可自行调节。

➢ 损失函数:用来估量模型的预测值与真实值的不一致程度,损失函数值越小,一般代表模型的鲁棒性越好,损失函数指导模型的学习。软件提供 binary_crossentropy 和 sparse_categorical_crossentropy 两种损失函数,可通过下拉框选择。

➢ 迭代次数:模型训练的迭代次数,输入数据类型应为整数,用户可自行调节。

➢ 批处理大小:进行一次训练所使用的样本数量,输入数据类型应为整数,用户可自行调节。

➢ 窗口大小:输入模型中数据的尺寸,输入数据类型应为奇数,用户可自行调节。

➢ 通道数:与卷积神经网络样本制作中证据图层的数量相同。

➢ 模型保存路径:训练所得模型的保存路径,可通过点击 📁 按钮来选择模型保存路径。

➢ 模型文件名:训练所得模型的文件名,用户可自行输入。

➢ 模型训练:使用默认的网络结构进行训练。

➢ 高级设置:自定义网络结构用于训练。

在此使用自定义网络结构进行模型训练作为示例,点击【高级设置】按钮弹出自定义网络结构窗口(图 6.27)。

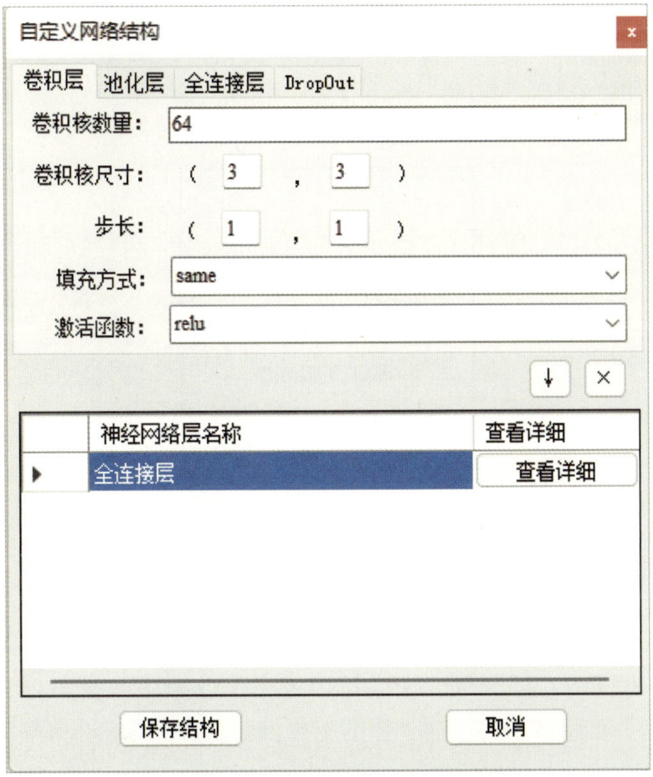

图 6.27 卷积神经网络结构设计

- 卷积层：
  - 卷积核数量：卷积核的数量，输入数据类型为整数，用户可自行调节。
  - 卷积核尺寸：卷积核的大小，输入数据类型为整数，用户可自行调节。
  - 步长：卷积核移动的步长，输入数据类型为整数，用户可自行调节。
  - 填充方式：软件提供 same 和 valid 两种方式，通过下拉框选择。
  - 激活函数：软件提供 relu、sigmoid、softmax、tanh 和 softplus 共 5 种方式，通过下拉框选择。
- 池化层：
  - 池化类型：软件提供 MaxPooling 和 AveragePooling 两种类型，通过下拉框选择。
  - 池化尺寸：输入数据类型为整数，用户可自行调节。
  - 池化步长：输入数据类型为整数，用户可自行调节。
- 全连接数：
  - 神经元个数：输入数据类型为整数，用户可自行调节。
  - 激活函数：软件提供 relu、sigmoid、softmax、tanh 和 softplus 五种方式，通过下拉框选择。
- Dropout：
  - 失活率：输入数据类型为大于 0 小于 1 的小数，用户可自行调节。

➤ 网络结构表：存放所添加的网络结构。其中默认添加最后一个全连接层，此层与损失函数有关，用户无法自行删除。用户可将调整好参数的网络层通过点击【↓】将其添加到网络结构表中，通过点击【×】来移除选中的网络层。添加网络层后，可通过点击【查看详细】按钮来查看该层的信息(图 6.28)。

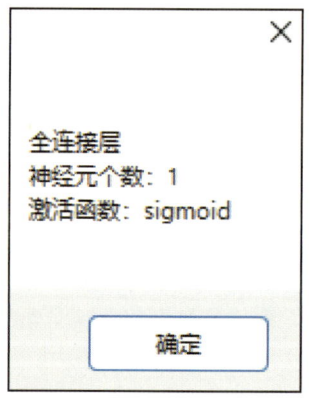

图 6.28 卷积神经网络结构设置——查看详细

网络层次建立完成后点击【保存结构】即可返回到卷积神经网络模型训练界面。点击模型训练即可开始训练模型。模型训练完成后即可弹出准确率曲线图以及损失函数曲线图(图 6.29、图 6.30)，并且将自动保存到设置的工作目录中。

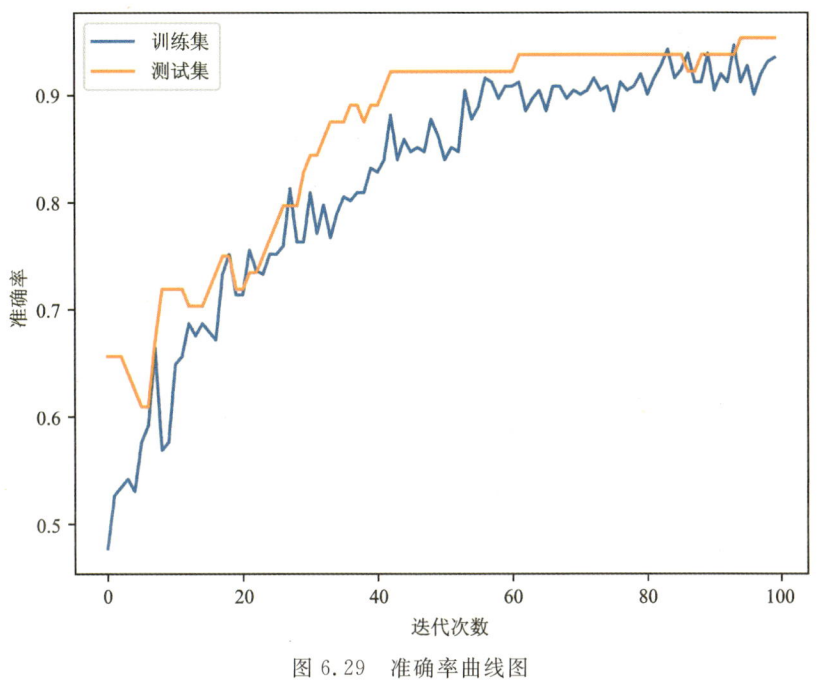

图 6.29 准确率曲线图

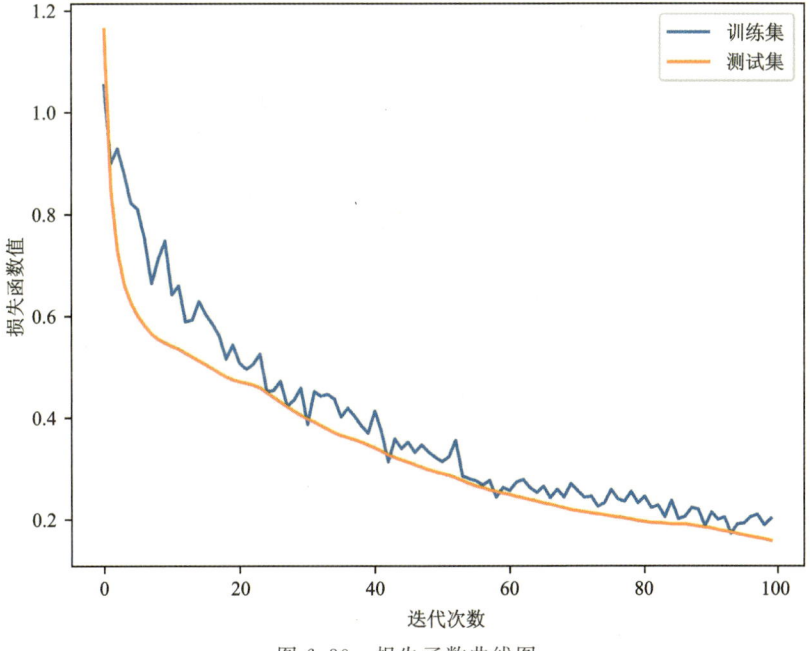

图 6.30 损失函数曲线图

4）卷积神经网络模型预测

关闭准确率曲线图和损失函数曲线图后弹出是否直接进行预测界面，点击【是】按钮即可直接开始预测（图 6.31）。预测开始后弹出预测进度对话框（图 6.32）。

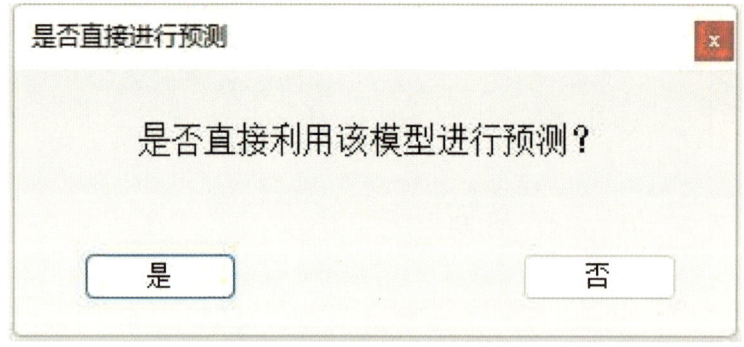

图 6.31　是否直接进行预测界面

图 6.32　预测进度条

预测结束后预测结果将直接加载入软件中,卷积神经网络结构图、结构表等中间过程图保存在样本数据目录中(图 6.33～图 6.35)。

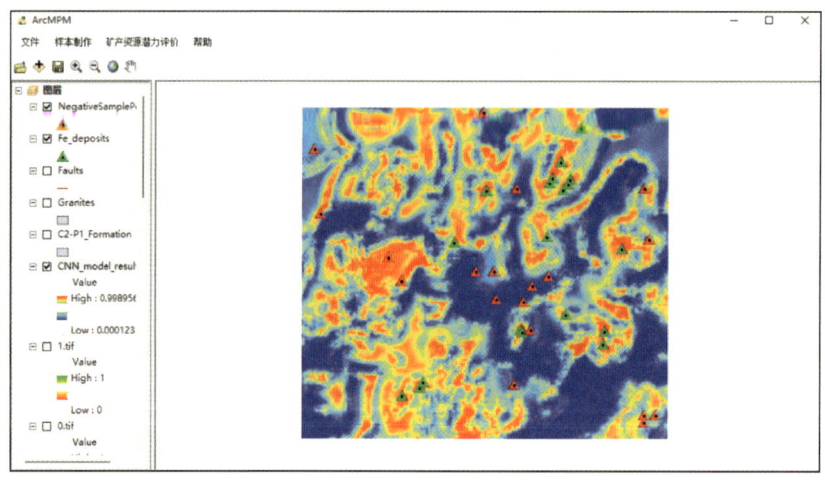

图 6.33　卷积神经网络模型预测结果

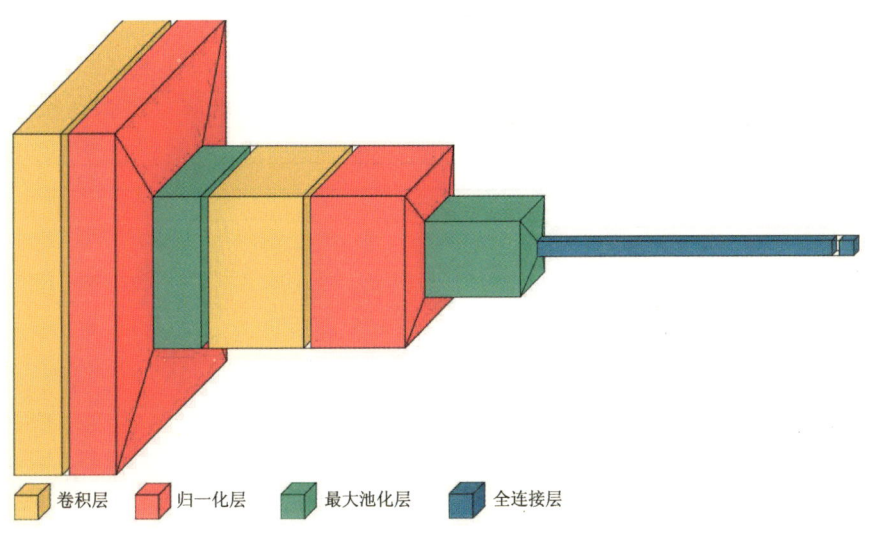

图 6.34 卷积神经网络结构可视化

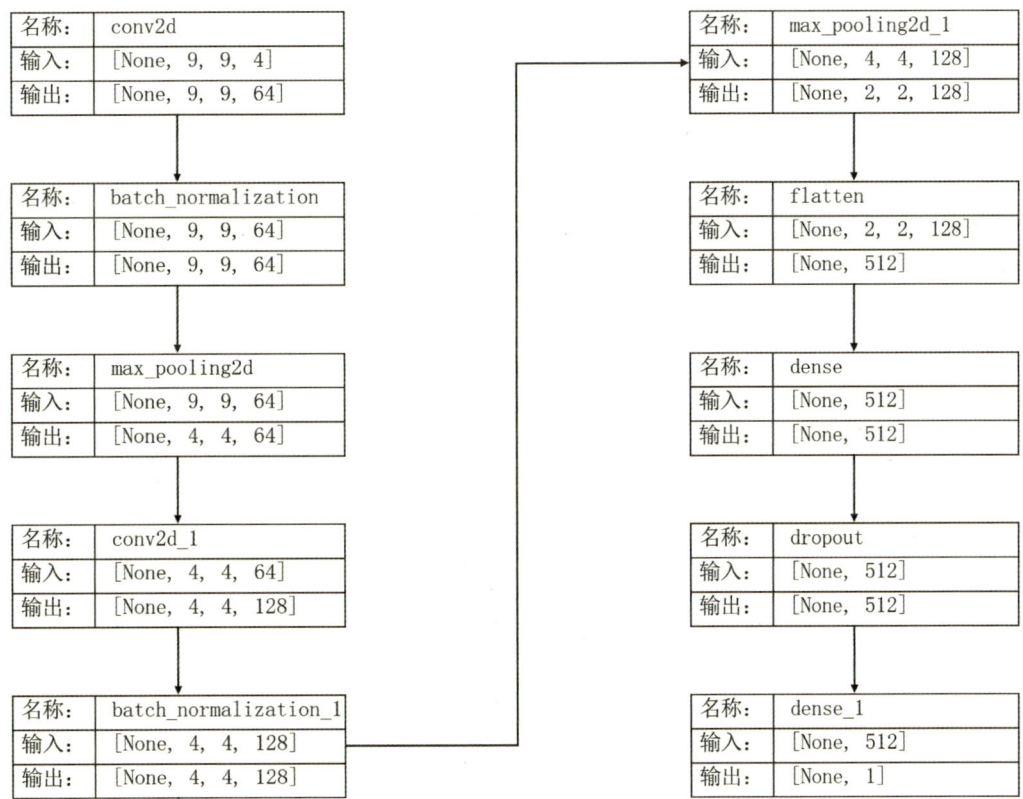

图 6.35 卷积神经网络结构表

5)卷积神经网络模型评价

点击【矿产资源潜力评价】→【卷积神经网络】→【卷积神经网络模型评价】即可对最新的预测结果进行评价,弹出成功率曲线图并存储在数据目录中(图6.36)。

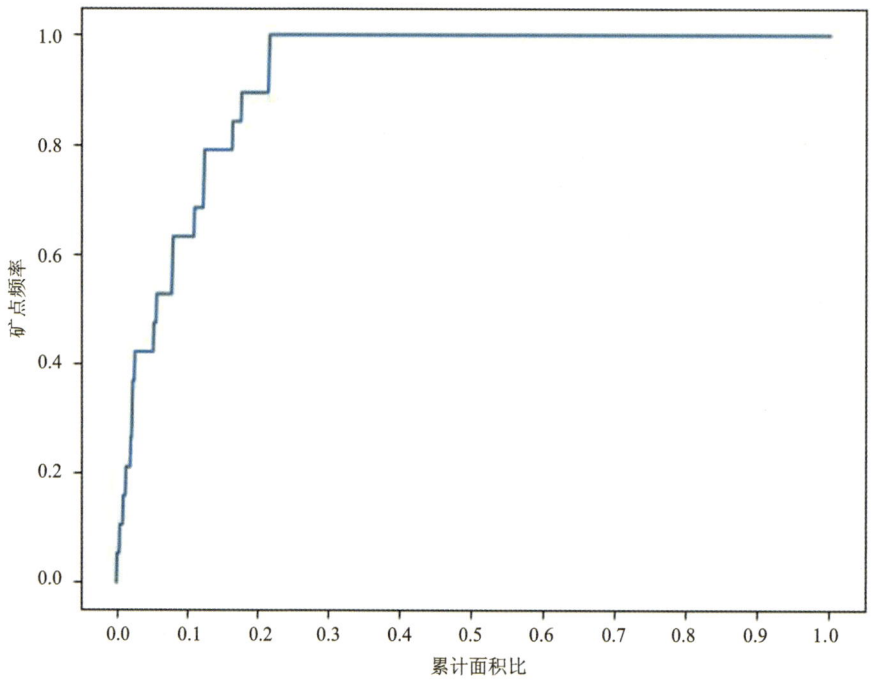

图6.36 成功率曲线评价卷积神经网络模型

主要参考文献

AITCHISON J,1986. The statistical analysis of compositional data[M]. Berlin:Springer.

BREIMAN L,2001. Random forests[J]. Machine Learning,45:5-32.

CARRANZA E J M,HALE M,FAASSEN C,2008. Selection of coherent deposit-type locations and their application in data-driven mineral prospectivity mapping[J]. Ore Geology Reviews,33:536-558.

LECUN Y,BENGIO Y,1995. Convolutional networks for images, speech, and time-series[M]//ARBIB M A. The handbook of brain theory and neural networks. Cambridge:MIT Press.

附 录

附录1 随机森林样本制作代码

```python
# 调用工具包 #
import cv2 as cv
importnumpy as np
importos
import pandas as pd

# 读取证据图层 #
defread_data():
    Geochemical_files=os.listdir('./data/Geochemical_data')# 读取地球化学图层文件名
    Geochemical_list=[]
    for Geochemical_file in Geochemical_files:
        Geochemical_file_path=os.path.join('./data/Geochemical_data',Geochemical_file)
        element_array=cv.imread(Geochemical_file_path,2)
        element_array=element_array.reshape(element_array.shape[0],element_array.shape[1],1)
        Geochemical_list.append(element_array)
    Geochemical_array=np.concatenate(Geochemical_list,axis=1)
    Geological_files=os.listdir('./data/Geological_data') # 读取地质要素图层文件名
    Geological_list=[]
    for Geological_file in Geological_files:
        Geological_file_path=os.path.join('./data/Geological_data',Geological_file)
        feature_array=cv.imread(Geological_file_path,2)
        feature_array=feature_array.reshape(feature_array.shape[0],feature_array.shape[1],1)
        Geological_list.append(feature_array)
    Geological_array=np.concatenate(Geological_list,axis=1)
```

```
        data_array=np.concatenate((Geochemical_array,Geological_array),axis=1)
        returnGeochemical_array,Geological_array,data_array
Geochemical_array,Geological_array,data_array=read_data() # 合并地球化学和地质要
素证据图层
np.save('data_array.npy',data_array) # 保存预测数据


# 正负样本标签制作#
label1=cv.imread('./data/label/Fe_deposits.tif',2) # 读取正样本栅格图层
label1=label1.reshape(label1.shape[0]* label1.shape[1],1)
label0=cv.imread('./data/label/non_deposits.tif',2) # 读取负样本栅格图层
label0=label0.reshape(label0.shape[0]* label0.shape[1],1)
all_array=np.concatenate((data_array,label1,label0),axis=1)

# 预测数据输出
Geochemical_name=os.listdir('./data/Geochemical_data')
Geological_name=os.listdir('./data/Geological_data')
DataFrame_header=[]
for i in Geochemical_name:
    DataFrame_header.append(i[:-4])
for i in Geological_name:
    DataFrame_header.append(i[:-4])
DataFrame_header.append('label1')
DataFrame_header.append('label0')
all_array=pd.DataFrame(all_array)
all_array.columns=DataFrame_header
all_array.to_csv(r'rf_data.csv',header=True,index=False) # 输出 csv 格式
```

附录2 随机森林参数优化代码

```python
# 调用工具包 #
from sklearn.metrics import roc_curve,auc
import pandas as pd
from sklearn.ensemble import RandomForestClassifier
from sklearn.model_selection import train_test_split
importmatplotlib.pyplot as plt
from collections importOrderedDict
from scipy.interpolate import make_interp_spline
importnumpy as np
from sklearn.model_selection import GridSearchCV
from sklearn.model_selection import cross_val_score

# 读取预测数据 #
rf_data=pd.read_csv('rf_data.csv')
data_pos=rf_data[rf_data['label1']==1] # 正样本标签
data_neg=rf_data[rf_data['label0']==0] # 负样本标签
data_train=pd.concat([data_pos,data_neg])
property=data_train.iloc[:,:42]
label=data_train['label1']

# 制作训练集、验证集、测试集 #
x_train,x_valid,y_train,y_valid=train_test_split(property,label,train_size=0.8,
    random_state=17) # 按比例分割数据集
train_data=x_train
train_label=y_train
valid_data=property
valid_label=label
test_data=rf_data.iloc[:,:42]

# 基于网格搜索法的模型调参 #
# 优化 n_estimators 参数
cross=[]
for i in range(0,200,10): # 设置参数搜索范围
    rf=RandomForestClassifier(n_estimators=i+1,n_jobs=-1,random_state=0)
    cross_score=cross_val_score(rf,train_data,train_label,cv=5).mean()
    cross.append(cross_score)
```

```python
plt.plot(range(1,201,10),cross)
plt.xlabel('n_estimators',fontdict={'family':'Times New Roman','size':12})
plt.ylabel('准确率',fontdict={'family':'SimSun','size':12})
plt.show()
print('n_estimators:',(cross.index(max(cross))*10)+1) # 输出最优参数

# 优化max_features参数
param_grid={'max_features':np.arange(1,20,1)} # 设置参数搜索范围
rf=RandomForestClassifier(n_estimators=11,random_state=0)
GS=GridSearchCV(rf,param_grid,cv=5)
GS.fit(train_data,train_label)
plt.plot(range(1,20,1),GS.cv_results_['mean_test_score'])
plt.xlabel('max_features',fontdict={'family':'Times New Roman','size':12})
plt.ylabel('准确率',fontdict={'family':'SimSun','size':12})
plt.show()
print(GS.best_params_) # 输出最优参数

# 验证模型是否收敛#
min_estimators=1
max_estimators=51
error_rate=OrderedDict(error_RF=[])
rf=RandomForestClassifier(oob_score=True,max_features=5)
for i in range(min_estimators,max_estimators+1,5):
    rf.set_params(n_estimators=i,random_state=0)
    rf.fit(train_data,train_label)
    oob_error=1-rf.oob_score_
    error_rate['error_RF'].append((i,oob_error))
for label,err inerror_rate.items():
    xs,ys=zip(*err)
    x_smooth=np.linspace(np.array(xs).min(),np.array(xs).max(),200)
    y_smooth=make_interp_spline(xs,ys)(x_smooth)
    plt.plot(x_smooth,y_smooth)

# 绘制袋外误差曲线
plt.xlim(min_estimators,max_estimators)
plt.ylim(0.0,0.5)
plt.xlabel("随机森林树的棵数",fontdict={'family':'SimSun','size':12})
plt.ylabel("袋外误差",fontdict={'family':'SimSun','size':12})
plt.xticks(fontproperties='Times New Roman',size=12)
plt.yticks(fontproperties='Times New Roman',size=12)
plt.show()
```

附录3　基于随机森林的矿产资源潜力评价代码

```python
# 调用工具包 #
from sklearn.metrics import roc_curve,auc
import pandas as pd
from sklearn.ensemble import RandomForestClassifier
from sklearn.model_selection import train_test_split
importmatplotlib.pyplot as plt
from collections importOrderedDict
from scipy.interpolate import make_interp_spline
importnumpy as np
from sklearn.model_selection import GridSearchCV
from sklearn.model_selection import cross_val_score

# 读取预测数据 #
rf_data=pd.read_csv('rf_data.csv')
data_pos=rf_data[rf_data['label1']==1] # 正样本标签
data_neg=rf_data[rf_data['label0']==0] # 负样本标签
data_train=pd.concat([data_pos,data_neg])
property=data_train.iloc[:,:42]
label=data_train['label1']

# 制作训练集、验证集、预测集 #
x_train,x_valid,y_train,y_valid=train_test_split(property,label,train_size=0.8,
    random_state=17) # 按比例分割数据集
train_data=x_train
train_label=y_train
valid_data=property
valid_label=label
test_data=rf_data.iloc[:,:42]

# 模型训练 #
rf=RandomForestClassifier(n_estimators=11,max_features=5) # 参数设置
rf.fit(train_data,train_label)

# 模型预测 #
predicted=pd.DataFrame()
output=rf.predict_proba(test_data)[:,1]
```

```
# 预测结果输出 #
predicted['score']=output
predicted['XX']=rf_data['XX']
predicted['YY']=rf_data['YY']
predicted['label1']=rf_data['label1']
predicted['label0']=rf_data['label0']
predicted.to_csv('rf_output.csv',header=True,index=False) # 输出预测结果

# 模型评价 #
valid_y=rf.predict_proba(valid_data)[:,1]
fpr,tpr,_=roc_curve(valid_label,valid_y,pos_label=1,drop_intermediate=False)
roc_auc=auc(fpr,tpr)

# 绘制 ROC 曲线 #
plt.figure()
plt.title("ROC")
plt.plot(fpr,tpr,'b',label="AUC=%0.2f" % roc_auc)
plt.legend(loc='lower right')
plt.plot([0,1],[0,1],'r--')
plt.xlim([-0.05,1.05])
plt.ylim([-0.05,1.05])
plt.ylabel('真阳性率',fontdict={'family':'SimSun','size':12})
plt.xlabel('假阳性率',fontdict={'family':'SimSun','size':12})
plt.show()
```

附录4 卷积神经网络样本制作代码

```python
# 调用工具包 #
import numpy as np
import cv2 as cv
import math
import os
import random, shutil
import glob
import pandas as pd

# 读取证据图层 #
def read_data():
    Geochemical_files=os.listdir('./data/Geochemical_data') # 读取地球化学图层文件名
    Geochemical_list=[]
    for Geochemical_file in Geochemical_files:
        Geochemical_file_path=os.path.join('./data/Geochemical_data',Geochemical_file)
        element_array=cv.imread(Geochemical_file_path,2)
        element_array=element_array.reshape(element_array.shape[0],element_array.shape[1],1)
        Geochemical_list.append(element_array)
    Geochemical_array=np.concatenate(Geochemical_list,axis=-1)
    Geological_files=os.listdir('./data/Geological_data') # 读取地质要素图层文件名
    Geological_list=[]
    for Geological_file in Geological_files:
        Geological_file_path=os.path.join('./data/Geological_data',Geological_file)
        feature_array=cv.imread(Geological_file_path,2)
        feature_array=feature_array.reshape(feature_array.shape[0],feature_array.shape[1],1)
        Geological_list.append(feature_array)
    Geological_array=np.concatenate(Geological_list,axis=-1)
    all_array=np.concatenate((Geochemical_array,Geological_array),axis=-1)
    return Geochemical_array,Geological_array,all_array

Geochemical_array,Geological_array,all_array=read_data() # 合并地球化学和地质要素证据图层
print(all_array.shape)
np.save('all_array.npy',all_array) # 保存预测数据
```

```python
# 正负样本标签制作 #
label1=cv.imread('./data/Fe_deposits.tif',2) # 读取正样本栅格图层
label0=cv.imread('./data/non_deposits.tif',2) # 读取负样本栅格图层
label1_copy=label1.copy()
label0_copy=label0.copy()
label1_coordinate=np.where(label1==1) # 正样本坐标索引
label0_coordinate=np.where(label0==0) # 负样本坐标索引

# 设置窗口大小 #
window_size=9

# 新建文件夹，保存正负样本 #
if not os.path.exists('./data/sample/1'):
    os.makedirs('./data/sample/1') # 新建子文件夹存放正样本
    os.makedirs('./data/sample/0') # 新建子文件夹存放负样本
else:
    print('the file exists')

# 导出正负样本到对应的子文件夹 #
count=0
for i in range(len(label1_coordinate[0])):
  np.save('./data/sample/1/%d'% count,all_array[label1_coordinate[0][i]-math.
  floor(window_size/2):label1_coordinate[0][i]+(math.floor(window_size/2)+1),
  label1_coordinate[1][i]-math.floor(window_size/2):label1_coordinate[1][i]+
  (math.floor(window_size/2)+1),:])
  np.save('./data/sample/0/%d'% count,all_array[label0_coordinate[0][i]-math.
  floor(window_size/2):label0_coordinate[0][i]+(math.floor(window_size/2)+1),
  label0_coordinate[1][i]-math.floor(window_size/2):label0_coordinate[1][i]+
  (math.floor(window_size/2)+1),:])
  count=count+1

# 样本扩增 #
augument_size=3 # 扩增尺寸
for i in range(len(label1_coordinate[0])):

    label1_copy[label1_coordinate[0][i]-math.floor(augument_size/2):label1_
    coordinate[0][i]+(math.floor(augument_size/2)+1),label1_coordinate[1][i]-
    math.floor(augument_size/2):label1_coordinate[1][i]+(math.floor(augument_
    size/2)+1)]=
    np.ones((augument_size,augument_size))
```

```python
        label0_copy[label0_coordinate[0][i]-math.floor(augument_size/2):label0_
coordinate[0][i]+(math.floor(augument_size/2)+1),label0_coordinate[1][i]-
math.floor(augument_size/2):label0_coordinate[1][i]+(math.floor(augument_
size/2)+1)]=
        np.zeros((augument_size,augument_size))

# 新建文件夹,保存数据扩增后样本 #
if not os.path.exists('./data/train_extend'):
    os.makedirs('./data/train_extend/1')
    os.makedirs('./data/train_extend/0')
if not os.path.exists('./data/valid_extend'):
    os.makedirs('./data/valid_extend/1')
    os.makedirs('./data/valid_extend/0')

# 导出扩增后的正负样本到对应的子文件夹 #
index1_expend=np.argwhere(label1_copy==1)
index0_expend=np.argwhere(label0_copy==0)
for num_expend in range(len(index1_expend)):
    np.save('./data/train_extend/1/%d'%(num_expend),
    all_array[index1_expend[num_expend][0]-math.floor(window_size/2):
    index1_expend[num_expend][0]+math.floor(window_size/2)+1,
    index1_expend[num_expend][1]-math.floor(window_size/2):
    index1_expend[num_expend][1]+math.floor(window_size/2)+1,:])
    np.save('./data/train_extend/0/%d'%(num_expend),
    all_array[index0_expend[num_expend][0]- math.floor(window_size/2):
    index0_expend[num_expend][0]+math.floor(window_size/2)+1,
    index0_expend[num_expend][1]- math.floor(window_size/2):
    index0_expend[num_expend][1]+math.floor(window_size/2)+1,:])

# 划分训练集与测试集比例并保存 #
def split_dataset(fileDir,tarDir):
    pathDir=os.listdir(fileDir)
    filenumber=len(pathDir)
    print(filenumber)
    rate=0.2 # 分割比例
    picknumber=int(filenumber*rate)
    print(picknumber)
    sample=random.sample(pathDir,picknumber)
    print(sample)
    for name in sample:
        shutil.move(fileDir+name,tarDir+name)
```

```python
fileDir='./data/train_extend/1/'
tarDir='./data/valid_extend/1/'
split_dataset(fileDir,tarDir)
fileDir='./data/train_extend/0/'
tarDir='./data/valid_extend/0/'
split_dataset(fileDir,tarDir)

# 训练数据集制作 #
all_channel=42
train_data=[]
train_label=[]
path_train='./data/train_extend'
path_train1=glob.glob(os.path.join(path_train,"*/*.npy"))
for path in path_train1:
    a=np.load(path)
    b=a.reshape(1,window_size,window_size,all_channel)
    train_data.append(b)
    train_label.append(path.split('\\')[-2])
train_data_array=np.concatenate(train_data,axis=0)
print(train_data_array.shape[0])
train_label_array=pd.factorize(train_label)[0]
print(train_label_array.shape[0])
np.save('train_data.npy',train_data_array) # 保存训练数据集
np.save("train_labels.npy",train_label_array) # 保存训练数据集标签

# 验证数据集制作 #
valid_data=[]
valid_label=[]
path_val='./data/valid_extend'
path_val1=glob.glob(os.path.join(path_val,"*/*.npy"))
for path in path_val1:
    a=np.load(path)
    b=a.reshape(1,window_size,window_size,all_channel)
    valid_data.append(b)
    valid_label.append(path.split('\\')[-2])
valid_data_array=np.concatenate(valid_data,axis=0)
valid_label_array=pd.factorize(valid_label)[0]
np.save('valid_data.npy',valid_data_array) # 保存验证数据集
np.save("valid_labels.npy",valid_label_array) # 保存验证数据集标签
```

附录5 基于卷积神经网络的矿产资源潜力评价代码

```python
# 调用工具包#
import pandas as pd
importtensorflow as tf
importos.path
importmatplotlib.pyplot as plt
from tensorflow.keras import Sequential
from tensorflow.keras.layers import Conv2D,MaxPooling2D,Dropout,Flatten,Dense,
    BatchNormalization
importnumpy as np
import cv2 as cv
from sklearn.metrics import roc_curve,auc
import math
importmatplotlib.pyplot as plt
os.environ['CUDA_DEVICE_ORDER']='PCI_BUS_ID' # 调用GPU加速
os.environ['CUDA_VISIBLE_DEVICES']='1'

# 读取训练集及标签、验证集及标签#
train_data=np.load("train_data.npy")
train_labels=np.load("train_labels.npy")
valid_data=np.load("valid_data.npy")
valid_labels=np.load("valid_labels.npy")

# 设置窗口大小#
window_size=9  # 窗口大小
all_channel=42 # 通道数

# 模型结构搭建#
model=Sequential()
model.add(Conv2D(64,(3,3),padding='same',activation='relu',
        input_shape=(window_size,window_size,all_channel)))
                # 卷积核尺寸、填充方式、激活函数
model.add(BatchNormalization()) # 正则化项
model.add(MaxPooling2D(pool_size=(2,2))) # 池化方式及池化核尺寸
model.add(Conv2D(128,(3,3),padding='same',activation='relu'))
model.add(BatchNormalization())
model.add(MaxPooling2D(pool_size=(2,2)))
model.add(Flatten())
model.add(Dense(512,activation='relu')) # 全连接层
```

```
model.add(Dropout(0.5)) # 失活层
model.add(Dense(1,activation='sigmoid'))
model.summary()

# 参数设置 #
model.compile(
    optimizer=tf.keras.optimizers.Adam(lr=0.00001),    # 优化器类型、学习率
    loss='binary_crossentropy',                         # 损失函数类型
    metrics=['acc'])

# 模型训练 #
history=model.fit(
    train_data,
    train_labels,
    epochs=100, # 迭代次数
    batch_size=64, # 批处理大小
    shuffle=True,
    validation_data=(valid_data,valid_labels),verbose=2)
model.save('model.h5')

# 训练过程输出 #
plt.plot(history.epoch,history.history.get('acc'),label='Training set')
plt.plot(history.epoch,history.history.get('val_acc'),label='Validation set')
plt.xlabel('Epoch')
plt.ylabel('Accuracy')
plt.legend()
plt.show()
plt.plot(history.epoch,history.history.get('loss'),label='Training set')
plt.plot(history.epoch,history.history.get('val_loss'),label='Validation set')
plt.xlabel('Epoch')
plt.ylabel('Loss')
plt.legend()
plt.show()

# 保存训练过程 #
dataframe=pd.DataFrame({'train_loss':history.history.get('loss'),'test_loss':
        history.history.get('val_loss'),'train_acc':history.history.get('acc'),
        'test_acc':history.history.get('val_acc')})
dataframe.to_csv("loss_acc.csv",index=False,sep=',')

# 调用训练好的模型 #
model=tf.keras.models.load_model('model.h5')
probability_value=[]
```

```python
# 读取预测数据集 #
all_array=np.load('all_array.npy')

# 模型预测 #
for row in range(all_array.shape[0]-(window_size-1)):
    for col in range(all_array.shape[1]-(window_size-1)):
        value=all_array[row:row+window_size,col:col+window_size,:]
        value=value.reshape(1,window_size,window_size,all_channel)
        output=model.predict_proba(value)
        print(output[0][0])
        probability_value.append(output[0][0])

# 预测结果输出 #
XX=cv.imread('./data/coordinate/XX.tif',2) # 读取坐标 X
YY=cv.imread('./data/coordinate/YY.tif',2) # 读取坐标 Y
XX_result=XX[math.floor(window_size/2):XX.shape[0]-math.floor(window_size/2),
    math.floor(window_size/2):XX.shape[1]-math.floor(window_size/2)]
YY_result=YY[math.floor(window_size/2):YY.shape[0]-math.floor(window_size/2),
    math.floor(window_size/2):YY.shape[1]-math.floor(window_size/2)]
XX_result_list=XX_result.flatten()
YY_result_list=YY_result.flatten()
dataframe=pd.DataFrame({'XX':XX_result_list,'YY':YY_result_list,'probability':
        probability_value})
dataframe.to_csv('cnn_output.csv') # 输出预测结果

# 模型评价 #
label1=cv.imread('./data/label/Fe_deposits.tif',2)
label1=label1[math.floor(window_size/2):label1.shape[0]-math.floor(window_
        size/2),math.floor(window_size/2):label1.shape[1]-math.floor(window_
        size/2)]
label1=label1.flatten()
fpr,tpr,threshold=roc_curve(label1,probability_value)
roc_auc=auc(fpr,tpr)

# 绘制 ROC 曲线 #
plt.figure()
plt.plot([0,1],[0,1],'k--')
plt.plot(fpr,tpr,label='AUC=({:.3f})'.format(roc_auc))
plt.legend(loc='best',prop={"family":"Times New Roman","size":12})
plt.show()
```